全方位运营攻略

LIVE BROADCAST MARKETING

直播营销

杨光◎主编／李鑫声◎著

民主与建设出版社
·北京·

图书在版编目（CIP）数据

全方位运营攻略 . 2, 直播营销 / 李鑫声著 . -- 北京 : 民主与建设出版社 , 2020.9

ISBN 978-7-5139-3156-4

Ⅰ . ①全… Ⅱ . ①李… Ⅲ . ①电子商务－运营②网络营销 Ⅳ . ① F713.365

中国版本图书馆 CIP 数据核字 (2020) 第 152215 号

直播营销
ZHI BO YING XIAO

丛书主编　杨　光
著　　者　李鑫声
责任编辑　刘树民
封面设计　喆　人
出版发行　民主与建设出版社有限责任公司
电　　话　（010）59417747 59419778
社　　址　北京市海淀区西三环中路 10 号望海楼 E 座 7 层
邮　　编　100142
印　　刷　三河市德利印刷有限公司
版　　次　2020 年 9 月第 1 版
印　　次　2020 年 9 月第 1 次印刷
开　　本　880 毫米 ×1230 毫米　1/32
印　　张　6
字　　数　120 千字
书　　号　ISBN 978-7-5139-3156-4
定　　价　198.00 元（全 6 册）

伴随移动互联网的飞速发展以及智能设备的普及，国内直播行业获得了长足进步。不仅好多网友喜欢在网上观看一些直播内容，如游戏、影视、体育、真人秀等，不少大品牌也开始在直播平台上开展营销，并且取得了丰收。

移动互联网的提速以及智能手机的普及，使得人们逐步摆脱了对于无线网以及电脑的依赖，可以直接通过手机和移动网络进行直播，很大程度上丰富了直播的场景，同时也给品牌们带来了一种更加立体化的营销方式。

不同于微博、微信的图文形式内容，直播的传播方式可以更加直观、实时、互动完成品牌文化以及产品的展示。而这也是品牌们涌入直播营销阵营的一个重要原因。

近年来，直播营销产业链发展不断趋于成熟稳定，第三方企业的加入完善了服务体系。广告主以有知名度的一线品牌为主，用户具有一定购买力且普遍对直播营销持正面态度，带有内容制作的软性广告更受关注。

直播营销总体可被分成传统的“硬广”和创新的“直播 +”两种模式。其中“直播 +”模式包含内容营销、互动营销以及电商三个种类。两种模式各有优势，可供广告主灵活选择。而“直播 +”作为一种可无限延展的形式，在未来或将成为主流。

随着直播营销产业的持续发展，产业链上下游合作将升级，购物渠道或将被打通，科技的进步也将围绕在图像识别和语音识别上，为直播营销带来更多的可能性。

本书立足直播营销行业发展现状，深入剖析直播营销相关的方法和原则，希望可以为相关从业者提供有益的参考。

01 直播营销为什么那么火

02 直播营销常用的几个平台

不同主播的营销效果

直播营销需要做哪些准备

直播营销的低成本获客秘诀

06 企业主播如何快速涨粉

07 常见的 5 种直播营销行业解析

08 成功直播案例解析

电商 + 直播，收获喜多多

01

直播营销为什么那么火

本质上说，今天的人们捧着个手机看直播，跟过去的人守在电视机前头看快乐大本营并没有什么区别。

伴随越来越多的人围观直播，连许知远这样的“文艺中年”，也开始走入直播间“卖艺”。2019年年末，许知远联手网红主播薇娅，推荐其单向空间书店的“单向历”。这就是潮流的力量，从来不以人的意志为转移。

直播营销的基本概念

直播营销是以直播平台为载体，在现场随着事件的发生和发展过程进行制作播出的一种营销方式。直播营销能够快速提升产品销量，并在短时期扩大企业品牌知名度。

直播营销能够瞬间吸引用户的注意力，因此成为深受欢迎的产品营销手段。

除了常见的直播平台，目前已有较多的电商平台而开通了直播，比如淘宝和聚美优品，而美拍等直播平台则是通过口碑来引导用户到淘宝店铺购买。与传统视频相比，直播能获得更高的转化率。

现在越来越多的网络红人和明星也开始直播进行产品营销，他们通过这种方式为企业和品牌带货，并且还能通过直播平台与粉丝互动，增加黏合性。这些网络红人和明星大多在直播中直接推介与售卖产品，或以隐性植入的方式来对产品进行营销。

据相关数据统计显示，2016 年全年，对高清晰度依赖较强的游戏直播在直播带宽中占比最大，但秀场直播是最大黑马，其带宽占比从 2.9% 提升至 16%，可谓异军突起。

此外，之前带宽占比一直偏低的媒体直播，在当年 8 月借助奥运会的热点得以实现带宽占比的增长。同时，2016 年其他类型直播的带宽占比增长态势也很明显，其中就含有刚刚火起来的的旅行直播、电商直播等专门领域的直播形式。

直播平台多样化的商业模式现已初见成效，过去以打赏为主要收入的直播平台，开始逐步利用直播这一流量入口渗透进各种业态。时至 2020 年，直播已成为各个行业的标配，各行各业都在投入到直播领域。

2020 年 2 月，艾媒咨询发布《艾媒报告 |2019-2020 年中国在线直播行业研究报告》。该报告显示，2019 年中国在线直播行业用户规模已增长至 5.04 亿人，增长率为 10.6%；预计 2020 年在线直播行业用户规模达 5.26 亿人。

2019 年，VR、AI 等技术带动在线直播行业发展，“直播 +”的产品与内容创新不断显现，其中“直播 + 电商”迎来了高速发展的风口。2019 年，熊猫直播关闭，快手抖音等短视频平台加强直播业务，B 站直播发展迅速，在线直播行业竞争更加激烈。而技术的革新，如 5G 的到来，为在线直播行业的发展带来巨大的机遇。在线直播平台应顺应发展趋势，加强技术布局，创造更多优质内容，赢得竞争优势。

2020 年 3 月，淘宝直播发布的《2020 淘宝直播新经济报告》。该报告显示，2019 年淘宝直播用户数量达到 4 亿，全年 GMV 突破 2000 亿（GMV= 销售额 + 取消订单金额 + 拒收订单金额 + 退货订单金额）；其中双十一当天直播 GMV 突破 200 亿元，177 位主播年度 GMV 破亿。

报告指出，2019 年直播电商爆发，进入真正的电商直播元年。其中，淘宝直播带动的成交额已连续三年增速超 150%。

根据报告，截至 2019 年末，消费者每天在淘宝直播上观看的内容时长达 35 万个小时，淘宝直播间覆盖了全球 73 个国家。

在主播及用户方面，2019 年淘宝直播有超八成主播分布在 80、90 后年龄段，超过 65% 的主播是女性；淘宝直播的用户则既有城镇青年，也有二三线职场人士。

直播其实类似于过去的电视，属于陪伴式的娱乐，观众的依存度较高。在不远的将来，直播与各种业态之间的相互交融会是一种常态化的趋势。一方面，直播平台必须通过强化和其他业态的融合，才能持续更新内容，充实观众的体验；另一方面，其他行业也需要利用直播这一平台，丰富用户的体验、拓展销售渠道，从而使其商业模式尽快变现。

直播营销的 3 个特点

与传统互联网传播方式相比，直播营销具有 3 个显著特点（如图 1-1 所示）。

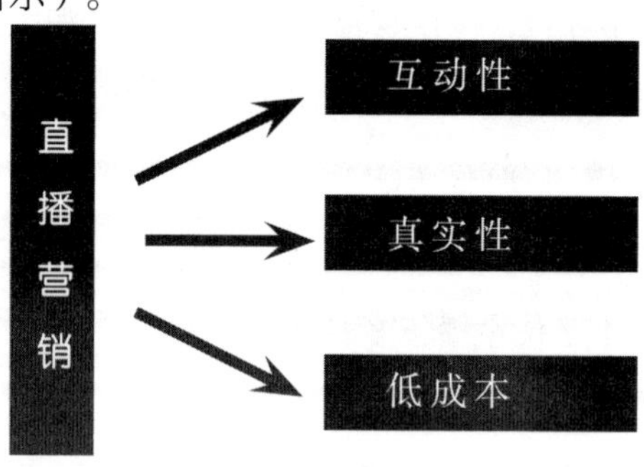

图 1-1　直播营销的特点

1. 互动性

由于网络直播具有双向性，信息不仅可以从主播端传至观众端，也可以从观众端传至主播端，这就实现了观众和主播的即时沟通。双方哪怕相隔千万里，彼此也能在直播过程中随心所欲地谈天说地。

2. 真实性

因为直播既不能重来也不能剪辑，主播演的是什么，就向观众呈现什么，所以直播最大程度地压缩了观众和主播之间的时空界限，使得直播成为一个完全真实的过程。

3. 低成本

与传统传播形式相比，直播的成本要低很多。一方面，直播不要求付费获得会员身份也不要求付费下载软件，只需要一部有网络的手机或电脑，就可以从事直播工作或是观看直播表演。

另一方面，由于互动与真实是观看直播的观众所在乎的，他们愿意以降低内容质量为代价来换取。所以直播并不需要花重金去请“大咖”，并搭建价值不贵的场地。

也正是由于直播本身的种种特性，使得直播的发展不仅成就了个体，同时也吸引了企业的参与。例如我们经常看到的苹果手表发布会、小米手机发布会、淘宝光棍节嘉年华……在中国的各大盛事上都能捕捉到企业直播的踪迹。这无疑给予了其他企业一个重要信号：网络直播早已成为产品营销的必需步骤，企业直播营销已是大势所趋。

直播营销的 8 个流程

现在企业做视频直播是比较常见的事情，有一些企业通过了直播带来了不少的订单，还有一些企业在举办大型活动时使用了视频直播，让企业的影响力传播得更远。

企业到底要如何做直播营销?

直播营销从准备到实施，大致可以分为 8 个流程（如图 1-2）。

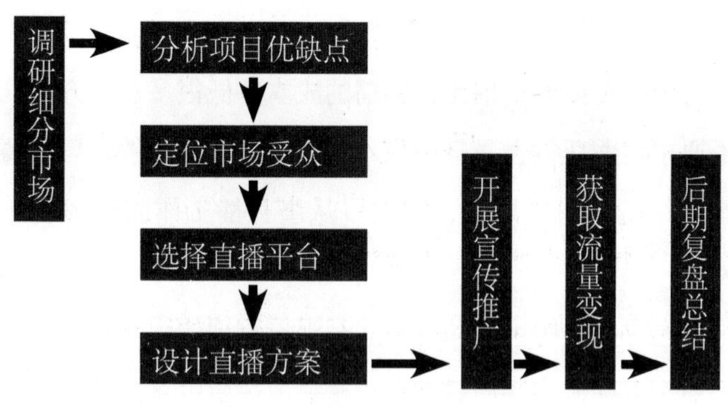

图 1-2　直播营销的 8 个流程

1. 调研细分市场

直播营销是向大众推销品牌或者产品，所以在推销之前一定要深入了解用户需要及市场情况。只有了解这两点，才能避开市场同质化的竞争，精准击中用户的痛点。所以直播营销需要调研先行。

2. 分析项目优缺点

在做直播营销之前，一定要客观分析自身的优缺点，从技术基础、人员设备以及资金、人脉等方面进行详细评估。

3. 定位市场受众

在进行直播营销之前，必须对受众有明确的定位，譬如这款唇膏的受众是 15 岁到 25 岁的年轻女性。

只有明确了受众定位，才能精准分析出：他们喜欢什么、能承受的价格一般是多少。确定受众是整个营销的关键点。

4. 选择直播平台

直播平台虽然五花八门，但是根据属性则可以分为几个不同的领域。有的平台适合做美妆类产品的直播营销，有的平台适合做游戏类产品的直播营销，有的平台适合做服装产品的直播营销。只有选择对了，才能取得良好的营销结果。

5. 设计直播方案

请谁来当主播？脚本怎么写？直播时用多机位直播还是单一镜头都需要提前确定与安排。只有提前做好了方案，直播营销才能有条不紊地开展。

6. 开展宣传推广

要将直播的信息广泛传播出去，让更多的人知晓并参与。

7. 获取流量变现

流量变现是直播最为最为重要的一步，直播的所有目的都是为了完成变现。为了达到这一目的，任何一个环节都不可忽视，所以一定要使变现通道畅通，并且给用户更多、更明确的提示，这会有利于快速变现。

8. 复盘总结

营销最直观的数据依然是转化率。要了解已经完成的直播的效果，一定要及时通过数据反馈调整优化营销方案。只有不断在复盘中修正，才能实现更高的转化率。

适合直播营销的 4 类产品

虽然目前直播在向多领域蔓延，但最适合直播营销的还是这 4 类产品（如图 1-3）

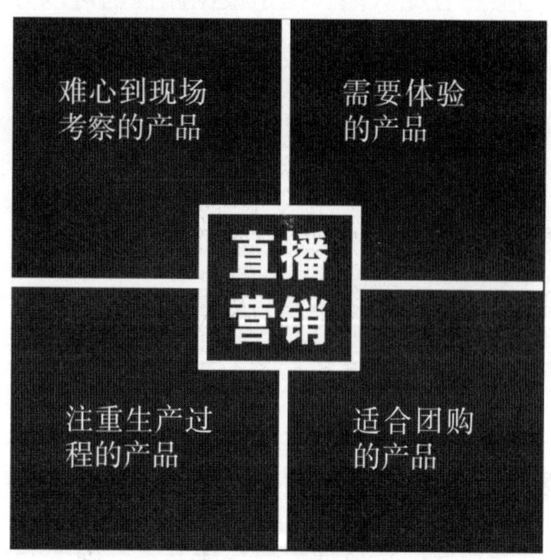

图 1-3　适合直播营销的 4 类产品

1. 难以到现场考察的产品

说到难以到现场考察的产品，很多人都会想到跨境电商并不是所有人都能直接到海外去“买买买”，传统的代购则让人无法了解自己想要购买的产品在国外究竟是什么样的状况、什么样的品牌更加合适自己、如何做好价格选择，等等。正是因为信息的不对称，使消费者在跨境电商购买时难以做出决策。这时若是通过直播，就能相对有效地解决这些问题。

在观看直播时，消费者能全面直观地了解这些商品的详情，虽然再根据这些信息迅速做出决策。

与跨境电商相同的还有旅游业。在没有到景点时，人们无法了解到景点的真实状况，而通过直播，人们就可以了解当地的风土人情，并根据所了解的情况做出是否去、去哪儿、何时去等决策。

2. 注重生产过程的产品

在物质水平发展的今天，人们越来越关注产品的质量和服务。以食材品说，消费者关注得较多的是食品生产的过程，是否是有机的，是否有农药，等等。而在艺术品上，人们更关注的是制作过程，是手工制作还是机器制作，等等。人们关注点在不断转变，那么在进行直播营销时，也要突出消费者的关注点，将这些要素给展现出来。

卫龙创办于 1999 年，是集研发、生产、加工和销售为一体的现代化休闲食品品牌。卫龙曾做过一次食品制作流程的直播，将其生产车间的状况和整个生产流程用直播的方式展示给消费者，成功地打消了人们对其食品是否安全的疑问，获得了非常好的宣传效应。

像卫龙的这种宣传方式是传统电商无法做到的，就算传统电商以图文的方式展示了食品的制作过程，消费者也未必相信，但直播却能让人信服。这也就说明，食品企业应该充分利用直播这一有利的营销方式，让广大消费者了解自己的产品，展示出一个安全、卫生、健康的产品形象，以赢得消费者的信赖。

3. 需要体验的产品

当人们在购买高消费的产品，比如房、车以及大的家用电器时，一般需要全方位地了解产品和相关的服务，听取专业人士的意见及分析。但是也有不少人没有时间去亲自体验，这个时候就可以通过直播的方式先行了解。虽然直播无法完全代替真实体验，但是可以通过展示细节等方式在有限的时间内让消费者完成第一轮的筛选，节省到现场了解的时间。

2020 年 4 月 2 日，“淘宝带货一姐”薇娅直播卖房。1900 万人观看，500 张购房优惠券 3 秒被抢光。截至 4 月 4 日下午 4 点，累计成交 7 套，合同金额超 1000 万，来访成交率近 50%——如此高的来访成交率，表明直播的前期了解发挥了重要作用。

与这类产品不同的是早已在电商直播中风靡的美妆产品。不少美妆产品需要讲解化妆技巧，以及上妆时的感受，上妆后的效果。这时，消费者可以通过直播深入了解，觉得满意了，就可以下单购买。

4. 适合团购的产品

众所周知，团购最容易打造爆款，原因是借助团购这一契机吸引到了大量具有相同需求的群体，并成功说服他们埋单。团购其实非常适用于直播，因为它能够在短时间内将一群具有相同兴趣爱好的人聚集起来，这是直播的优势之一。

聚划算是阿里巴巴集团旗下的团购网站，它就曾在这方面进行过尝试。而在 2016 年的 5 月 24 日晚，柳岩在聚划算直播销售 6 款产品，虽然观看人数只有 12 万人，但仅仅枣夹核桃一款就卖爆了。同年 5 月 28 日晚，吴尊通过直播销售惠氏奶粉，在 1 个小时内达成 120 万交易额。

再看现在各种电商节，可以说是“无直播，不营销”。作为企业，完全有必要根据自身产品定位选择恰当的直播形式，只有这样才能为品牌和产品寻找到更好的出路。

02

直播营销常用的几个平台

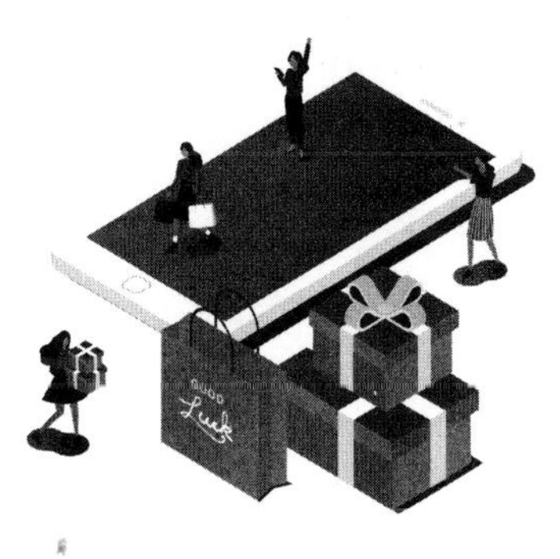

根据 2020 年艾媒咨询数据显示，直播已经成为一种新的营销方式，渗透到消费者的日常生活。约三成直播电商受访用户称，每周会观看电商直播 4~6 次。艾媒咨询分析师认为，观看电商直播成了当下流行的消遣方式之一。在消遣的同时，用户也减少了为选择商品而花费的信息搜寻成本和时间成本。

斗鱼 TV：泛娱乐直播营销平台

斗鱼一直专注于游戏直播（如图 2-1），最近几年开始拓展到泛娱乐内容。斗鱼的前身为 ACFUN 放送直播，于 2014 年 1 月 1 日正式更名为斗鱼 TV。更名后的斗鱼 TV 是一家弹幕式直播分享网站，主要为用户提供视频直播和赛事直播服务。而今以游戏直播为主，涵盖了户外、综艺、娱乐、体育等多种直播内容。

图 2-1　斗鱼直播

斗鱼 TV 前 CEO 陈少杰曾这样说过："斗鱼 TV 将更加坚定地走直播多元化、内容精品化的发展道路，在现有基础上把直播平台拓展为包含游戏、御宅、星秀、科技、户外、体育、音乐、影视等集众多热点为一体的综合直播平台。"

斗鱼 TV 的联合创始人兼总裁张文明在接受《长江日报》采访时也称，斗鱼从游戏直播到体育竞技，再到生活、娱乐等，希望能真正打造一个全民的泛娱乐平台。

斗鱼 TV 虽然是从游戏直播起家，但现在已经整合了多方面的内容和资源，几乎涵盖了游戏、教育、体育、科技、公益，甚至是综艺和娱乐等多种直播内容。

但斗鱼 TV 的发展也并不是单向性的，而是结合自身平台的特点，将运营模式向娱乐新媒体、游戏以及产品分发渠道、优质视频等方向发展。如今斗鱼 TV 的主要经营内容包括斗鱼 +“大众创业、万众创新”、斗鱼 + 游戏、斗鱼 + 体育竞技、斗鱼 + 娱乐、斗鱼 + 生活、斗鱼 + 就业、斗鱼 + 公益等等。

据第三方权威网站 Alexa 数据统计，斗鱼 TV 在用户和流量数据方面，截至到目前，已经进入全球网站前 300 名，在全国排前 30 名。

在 2016 年，斗鱼 TV 称，晚间高峰时段，网站的访问人数已经接近淘宝的 80%，而在线开播的主播甚至超过了 5000 位。

也有第三方平台的数据显示，在 2016 年，斗鱼 TV 每日的活跃用户高达 1200 万人，月活跃人数则是 1.3 亿到 1.5 亿之间。在百度发布的 2016 年的热搜榜单之中，斗鱼 TV 在“90 后”人群十大热情关注和“00 后”人群的十大新鲜关注中并列前五。

到 2017 年时，斗鱼 TV 直播的累计注册用户已达 2 亿人。平均每天有 9 万到 10 万位主播开播，在晚间高峰时段甚至有 2 万左右主播同时在线开播。

同程作为中国在线旅游行业的龙头之一，历来擅长利用新媒体对旗下旅游产品进行推介，而同城与斗鱼直播南浔游的活动更成为旅游业界津津乐道的典型事件。

2019 年 3 月，武汉东湖高新区监测数据公布了斗鱼直播在 2018 年的营收报告：其中显示 2018 年斗鱼收入超过 40 亿，截至 2019 年 1 月活跃用户数高达 4671 万人。可以明显看出斗鱼在营收和月活跃人数上甩开其他直播平台一个身位。根据移动直播 App 来看，斗鱼用户量也保持在直播行业前列。

虎牙直播：游戏直播营销平台

虎牙直播（如图 2-2），成立于 2014 年 11 月，是一家互动直播平台，主要为用户提供高清、流畅而丰富的互动式视频直播服务。虎牙直播旗下产品覆盖移动、PC、Web 端，而知名的游戏直播平台虎牙直播、风靡东南亚和南美的游戏直播平台 Nimo TV 等也均为虎牙直播品牌所有。

虎牙直播是 YY 直播分离出来的，2014 年 11 月 21 日虎牙直播开了发布会，发布会的形式首次采用了线上直播的方式。虎牙直播也是中国领先的游戏直播平台之一，其覆盖超过 3300 款游戏，并且已经涵盖娱乐、综艺、教育、户外、体育等多元化的弹幕式互动直播内容。

如今随着电竞赛事的发展，虎牙直播汇聚了众多世界冠军级战队和主播，并且引入国内外赛事的直播版权，开始深耕独家 IP 赛事。但虎牙的发展也不仅于此，还通过明星主播话的方式开展了娱乐直播，并且启动全明星主播战略。已有很多娱

图 2–2　虎牙直播

乐明星的直播处女秀在虎牙直播完成。

虎牙直播还为国内的直播行业迎来了一个崭新的新时代，即全网启用 HTML5 直播技术，用户不必安装插件，只要打开虎牙直播就可以享受“远离卡顿发烫，1 秒即开看直播”的畅快体验。

虎牙直播是资深的以游戏内容为核心的直播平台，平台汇聚了目前最为火爆的游戏，如英雄联盟、王者荣耀、守望先锋、炉石传说、绝地求生、球球大作战、绝地求生手游——刺激战场以及全民突击等主题的直播内容。

在游戏电竞上，虎牙汇聚了众多世界冠军级战队和主播，比如“国民电竞女神”miss 和超人气号召力主播董小飒等，他们均与虎牙签约直播，持续为虎牙直播的用户提供独家的直播内容。

在游戏直播上，虎牙独具特色和优势，这主要体现在以下几点。

1. 主播阵容豪华，战队明星大咖空降平台

虎牙直播以游戏为核心，并以其豪华主播阵容俘获了大批“游戏宅”。豪华主播阵容除了 Miss 河董小飒，还有电竞 BB 机孤影、绝地求生韦神、国服第一露娜、绝地求生战队 4AM，明星主播则有实力演员白宇、著名歌手胡夏、孙耀威，以及青春偶像赵越、腹肌男神宁桓宇等等。

2. 拥有顶级赛事版权，独家直播视角呈现

虎牙直播拥有多项国际顶级赛事的独播版权和直播，比如《王者荣耀》KPL 职业联赛和《英雄联盟》的 S 系列赛、季中赛等。

2017 年 12 月 27 日，英雄联盟官方宣布虎牙直播成为 2018 年 LCK 独家直播平台。

2018 年绝地求生 PGI 全球邀请赛，虎牙直播不仅拿下官方视角直播版权，而且还拿下 4AM、OMG 的独家第一视角版权。

3. 打造权威赛事，收割巅峰流量

YSL 联赛 (YY Stars League) 是虎牙直播为观众献上的明星级赛事。联赛创立于 2013 年，在当年举行的首届 YSL 英雄联盟游戏联赛时，曾创下观看量超过 1000 万人次的壮观。近年随着 YSL 联赛的扩大化和精品化，各路优质主播也随之应运而生。

除此之外，虎牙直播还有更多的赛事，收割了一批又一批的超高流量，比如天命杯、虎牙直播手游大赛（HMA）、公会

争霸赛、王者荣耀全明星联赛等。各种比赛丰富了虎牙直播的内容生态。

虎牙直播还将游戏置于生活中，在 2016 年，举办了野外技能大赛“寻找中国贝爷”。看过《荒野求生》的人都知道“贝爷”，他以其生存技能被称为“站在食物链顶端的男人”。虎牙直播据此设置了赛事，以“如果你也想象贝爷一样勇敢冒险，就来挑战”，并且设置了 10 万元的现金奖给冠军。这一技能大赛，不仅带动了“游戏宅”，还获得大批喜爱户外活动用户的关注。

虎牙直播不仅将深耕游戏，还将触角伸到了户外直播。其推出的“户外直播”，吸引了大量素人通过手机直播摇身一变成为“户外主播”。2018 年，“户外主播”的日活就高达 1000 万人。“户外主播”有高效搭讪、旅游探险以及美女萌宠等，各种各样新奇有趣的内容层出不穷，这使得许多超高人气主播在短时间内诞生。

早在 2016 年，虎牙直播就实施的明星主播化战略，通过游戏直播和娱乐直播，把明星玩家推到大众面前，使粉丝找到了与明星偶像之间的共同点，增加了用户黏性。

经过一系列的发展，虎牙直播的人气也开始上升。在 2018 年 5 月，虎牙在美国纽交所上市，成为中国第一家上市的游戏直播公司。在 2020 年 2 月 11 日，虎牙宣布开通在线教育服务。

花椒直播：明星属性强的社交平台

花椒属于综合直播平台（如图 2-3），一开始就以两头并进的方式发展游戏直播和泛娱乐直播。

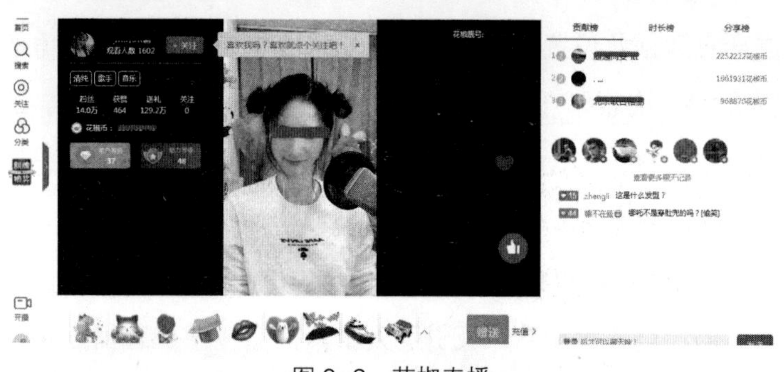

图 2-3　花椒直播

与斗鱼 TV 与虎牙直播不同的是，花椒直播是具有强明星属性的社交平台，不仅有众多明星入驻，还有全程直播间面会与明星选举活动等，比如宋仲基台湾粉丝见面会等活动。

这使得花椒直播组成了明星、网络红人、普通 UGC（User Generated Content，指用户原创内容）、普通用户四类人群的用户生态结构。

通过一系列的造星计划，花椒直播成为移动互联网时代的明星孵化器。这些造星计划打通了普通用户到明星身份转变的通道，使平台的主播成长为“网星”。

比如主播徐大宝参加《美丽俏佳人》录制后，开始作为演员出演多部影视作品。周然则应邀主持了《超级女声》的海选，何蓝逗甚至借助花椒直播参加超女并取得不错的成绩。她们通过花椒直播成为名副其实的明星，这也给那些想成为明星的人提供了舞台。

花椒直播还有很多精彩的内容，比如《玛雅说》《马斌读报》《徐德亮讲鬼故事》等上百档节目，这些均为平台主播自制，内容涵盖明星、主持、相声、体育、星座以及心理咨询和选秀等领域。也有一些入住的电视台主持人和明星、社会名人在花椒直播表达输出自己的观点。

花椒直播还运用了先进的技术，让直播变得更有趣。

1. VR 直播

花椒直播的 VR 直播使用户不仅能看到更加真实的 3D 场景，还采用了渲染层畸变算法处理，使用户在观看的时候减少眩晕感，从而达到更好的沉浸体验。并且还对网络传输过程和客户端进行编解码优化，无论主播在无线网环境还是 4G 网络，均能实现 VR 直播。花椒 VR 直播采用的是双目摄像头，并且还通过了手机陀螺仪数据以及技术优化处理。

VR 直播不仅提升了用户体验，还开启了直播界的先河。

2. 脸萌技术

为了让主播在直播时更加有趣，花椒主播使用了脸萌技术，即通过人脸识别，将帽子、猫咪胡须、兔子耳朵和皇冠等多种表情直接戴在头上或者是出现在用户的脸上。不仅可以直接体现出用户的个性与心情，还能使拍摄的视频更加可爱有趣。

3. 变脸

花椒直播采用高于行业平均水平的特征定点为，针对眼睛、眉毛、嘴角等关键位置的 95 个特征点进行精准检测，并且专门进行了产品优化，使面具能够在10毫秒之内追求到人的脸部，就算用户移动或者做鬼脸，面具也会精准地定位并且随之变化。之所以使用这一技术，是花椒直播为了使细节能够呈现得更加完美。

4. 美颜

为了让主播在直播时，向粉丝展现自己最好的一面，花椒直播能够对用户的面部进行化妆、美白等。

5. 回放

花椒直播在基于生产的内容丰富且精彩的情况下，为了使用户不错过任何一个直播，支持所有的直播视频回放。

6. 省流量

为了节省主播和用户的流量，花椒直播在主播进行直播使，后台会自动进行视频压缩，粉丝看到的直播视频都是经过处理的，能节省一定的流量。

7. 云存储

用户在看直播视频时，视频会同时上传至云端，不会占用手机内存。

快手：用户量超大的直播平台

快手的前身叫“GIF 快手”，诞生于 2011 年 3 月，最初是一款用来制作、分享 GIF 图片的手机应用。

2013 年 7 月，“GIF 快手”从工具转型为短视频社区。由于产品转型，App 名称中也去掉了“GIF”，改名为“快手”（如图 2–4）。

图 2–4　快手直播

随着智能手机的普及和移动流量成本的下降，快手在 2015 年以后迎来市场爆发。

2017 年 4 月底，快手注册用户超过 5 亿，日活跃用户 6500 万、日均上传短视频数百万条。

2017 年 11 月，快手 App 的日活跃用户数已经超过 1 亿，进入“日活亿级俱乐部”，每天产生超过 1000 万条新视频内容。

2018 年 9 月 14 日，快手宣布以 5 亿元流量计划，在未来三年投入价值 5 亿元的流量资源，助力 500 多个国家级贫困县优质特产推广和销售，帮助当地农户脱贫。9 月 21 日，快手举办首期幸福乡村说，借由农村短视频网红的特产销售经历，宣传“土味营销学”。

快手的推荐算法用一个简短版本说，算法核心是理解。包括理解内容的属性，理解人的属性，人和内容历史上的交互数据，然后通过一个模型，预估内容与用户之间匹配的程度。

快手直播的主要优势是用户量大。2019 年 5 月 29 日，快手日活跃用户已超过 2 亿。

之前，快手直播的劣势用户消费力相对低。快手上的用户以小镇青年为主，他们对价格敏感度高。目标客户如果是高端消费者，在快手做直播营销可能不太适合。

映客直播：开创全民直播带货先河

映客直播（如图 2-5），主打“素人”理念，并且开创了“全民直播”的先河。用户只需拿出手机，即可打开映客一键直播，让全平台的用户一起观看，点赞分享。

图 2-5　映客直播

有不少原本默默无闻的平民主播在映客这个平台上成为直播营销的“带货小能手”，“二姐 Alice”就是其中的一员。

2016 年 4 月 28 日，GMIC 年度盛典颁奖礼上，映客主播“二姐 Alice”分别拿下了“互联网最具人气主播”的季军。“二姐 Alice”是映客当红女主播，自她开启映客直播起，实实在在演绎了一场由草根到当红主播的精彩大变身。

“二姐 Alice”曾经是一名舞蹈演员，个性率直，用她自己话来说就是“有啥说啥，从不掩饰”。二姐在映客直播时也是如此，从不掩饰或者故意讨好粉丝，总是直白地说出自己的想法，她的率直坦荡吸引了大量粉丝。

二姐成功地将自己的直播间打造成了专属于她自己的秀场：她在直播间布置了大屏的 LED，添置了打碟机，专业的话筒和灯光等。她的直播不是一帆风顺的，一开始二姐的直播间也是寥寥几个人。令她没有想到的是，她的粉丝越来越多，也有了可爱的名字——二粉。

一般来说，网络红人变现的渠道主要包括与电商平台合作、拍摄广告、参与商演等。对于二姐来说变现也是如此。

二姐的直播频率为每天一次，通过直播，二姐将自己真实的生活状态展现给粉丝，就像与自己的好朋友一起分享生活一样。同时，二姐通过自身的影响力，逐渐通过直播和自媒体，将粉丝们引流至电商平台。

2016 年，二姐选择与微盟合作，开立自己的微信商城：诺远商城。每一次直播时，二姐都会穿插一下给自己的商城打广告，最成功的一次，短短2个小时内，商城成交单量达1000+，收益相当可观。

诺远商城有3款明星产品：洗面奶、丝绒口红、萌萌霜，这3款产品均是二姐以及其团队亲自试用半年以上且全票通过之后，冠名开发上新的。二姐认为，粉丝们购买她的产品是因为信任她，她不能做出任何有毁她信任的事情。

除此之外，二姐也十分注重打造社群，包括微信群和QQ群，目前二姐通过社群这一方式营运着50万的粉丝们。这些粉丝们有着相同的喜欢的人物，共同的兴趣爱好以及人生目标。二姐称这些粉丝们为宝宝，并且经常会在社群中与这些粉丝们互动，高度实现了黏合性以及调动了粉丝们的活跃度。

直播营销高效实现了二姐的粉丝变现。让粉丝喜欢一个网红很容易，同时抛弃一位网红也十分的容易。网红如何找到属于自己的持续变现之路，或许二姐的案例可以给予启发。

2020年1月2日，映客旗下微信直播+美妆垂直类社交电商平台“质在U选”上线，该平台采用每日定时秒杀和拼团的形式。此外，在映客嗨购频道的主播直播类型中，还包括服装、食品等。

2020年3月6日，湖南映客互娱网络信息有限公司发生工商变更，公司经营范围新增物流代理服务；贸易代理；美术品、珠宝、贵金属制品、办公设备的销售等。

可见，映客对“带货”的涉足越来越深入。

2020年4月8日，为抗击“新冠”疫情封城76天的武汉正式解封，被“按住暂停”的湖北省开始全面“重启恢复”。下午 3 时，武汉市政府领导出现在抖音直播间，向全国网友介绍重启后武汉的生产生活，并推荐了周黑鸭、蔡林记热干面、良品铺子等湖北优质特产。市政府领导披挂上阵，通过线上“带货”的形式，帮助当地企业复产复工。

为了帮助湖北经济复苏，抖音举办了“湖北重启，抖音助力”直播活动（如图 2-6）。包括武汉在内，湖北省 13 位市（州）长将在抖音直播间介绍当地居民生活情况，并推介当地农产品、食品、消费品，将湖北优质商品推向全国消费者。

抖音是一款音乐创意短视频社交软件，由今日头条孵化，该软件于 2016 年 9 月上线，是一个专注年轻人音乐短视频社区平台。用户可以通过这款软件选择歌曲，拍摄音乐短视频，形成并上传自己的作品。

图 2-6　抖音用直播助力湖北

抖音上线不久，很快赢得了大众的追捧。《2018 短视频行业分析报告》表明，从 2017 年到 2018 年 2 月。抖音日人均启动次数为 5.87 次，人均单日使用时间达到了 48.47 分钟，次月留存率则达到了近65%。在2018年春节期间，抖音持续霸占中国App Store单日下载量榜首共16天，这不仅是其上线以后保持榜首最长时间的佳绩，更是打破了自2017年初以来其他所有非游戏类App所创下的冠军位持续天数的纪录。

2018年5月，抖音正式启动电商商业化，当年第四季度开始规模化产生收入。在2018年“双十一”期间，抖音就开启了电商模式的探索，当日售出商品达10万件，直接转化销售额突破2亿元。

《招商证券调研报告》显示，2019年直播电商的交易额已经达到3000亿元，2020年有望突破1万亿元。显然，抖音看到了这一块大肥肉，因而在2020年开始持续发力。

在直播之前，建议尽量发布一些相关的短视频来吸粉。这样，你在直播时，关注你的粉丝在抖音上能看到你开播的提示他们很可能点击进入你的直播间。另外，最好在开播的前一个小时发布一个优质的短视频 ，当别人刷到你的短视频的时候 , 你的头像会有开播标识，这样也可以起到引流作用。

此外还可以采取的方法是：

（1）直播预热：在每天的直播过程中为下一次的直播进行预热，告知下次直播时间；

（2）个人主页及昵称预告：个人昵称、简介处添加直播预告；

（3）站外流量预热：社群、微博、公众号、小红书引流；

（4）优化直播间标题和封面：标题在10字内，吸引粉丝点击，封面为 1 ∶ 1 能吸引用户的高清方图。

除了粉丝会来到直播间以外，还会有观众从直播间列表中进入。直播间列表一般会出现在同城，或者是顶部列表之上。

如果你的直播间列表会出现在一个好的位置上，那就相当于有一个绝佳的广告推荐位，引流的力度是很大的。是什么决定你能否上推荐位呢？

——观众留存率。留存的人除以进直播间的人，就是观众留存率。留存率越高，直播间的排名也就越高。而提升留存率的不二法门，就是让你的直播有趣或有料，让人愿意并乐于看下去。

淘宝直播：绝对的带货大杀器

跟其他直播平台是“直播 + 带货”不同，淘宝直播是“带货 + 直播”。淘宝开通直播之后（如图 2-7），大多数店铺的流量和转化都有明显提升。根据阿里公布的 2020 财年 Q2 财报显示，已有超过 50% 的天猫商家正在通过淘宝直播卖货。

2019“双 11”全天，淘宝直播带来的成交接近 200 亿，超过 10 个直播间引导成交过亿。其中家装和消费电子行业直播引导成交同比增长均超过 400%。超过 50% 的商家都通过直播获得新增长。2018 年全年，主播薇娅引导成交销售额 27 亿，2019 年高达 30 多亿。

淘宝直播有哪些优势呢？

首先，展示更直观。淘宝直播是一种动态的视听直播的过

图 2-7　淘宝直播

程。相较之前的网上购物的方式是根据图片和文字描述去选择商品和购买商品的，淘宝直播可以通过直播的时候展示产品，对于产品的真实性有着极大的提升，在产品的使用中或者是外观上可以体现的细节会比其他的方式好很多。

其次，互动更直接。没有直播时，店主与顾客也能通过阿里旺旺即时互动，但仅限于文字、图片交流。直播互动更直接，传递的信息更丰富，宛如线下导购。

再者，交流更有趣。不少淘宝主播能说会道，在购物的时候不光是展示产品，还能娱乐大众。有趣是直播的一项“美德”，在说说笑笑、轻松愉快中，顾客会更加乐意打开荷包。

第四，受众更广泛。直播这种一对多销售方式，能同时面对海量顾客进行推销与售卖。根据艾媒咨询的数据，薇娅在 2019 年“双 11”一天的销售额就达到 3.3 亿元。

要想在淘宝做直播营销，你首先要有一个淘宝店。在登陆了手机淘宝 App 之后，搜索 “淘宝直播”，在呈现的界面中点击右上角的“更多”，然后击右新出现界面点上方的三个点，接着在新界面当中的最后一行会看到“直播入驻”四个字，点击之后会出现申请页面，根据所要求的项按照实际情况进行填写就可以了，并上传所需要上传的相关照片和视频。

审核通过之后，你就可以做直播了。如果你不想上镜，也可以找淘宝达人合作。

03 不同主播的营销效果

做直播营销，主播的选择至关重要。由企业官方来主播，和由明星、网络红人等来主播，所传达的信息是完全不同的，产生的效果自然也有很大区别。在什么情况下，该选择什么样的人员做主播?

企业官方播：发布专业信息带动营销

企业通过发布会的形式为自己的产品做推广早已有之，并不罕见。但由于目前大部分企业的产品发布会由于其形式单一、内容无聊，特别是缺乏与受众的有效互动而沦于走过场的形式主义。

近年来，以手机厂商为代表的企业，纷纷通过直播平台发布新品，打破了大多数产品发布会沉闷的格局，不但能让观众对企业的发布会产生眼前一亮的感觉，更能让企业在与观众的互动中，为自己新产品的后续宣传打开良好局面。

2016 年 5 月 10 日，小米公司在北京国家会议中心召开夏季新品发布会，重点推出了小米历史上的最大屏手机：6.44 英寸的小米 Max。小米 Max 配备有超大机身，可内置一块 4850 mAh 的电池，除了大屏，小米 Max 还主打“待机时间长”。为了证明小米 Max 具有超长待机时间，发布会结束后，小米公司在 B 站（Bilibili.com）开启了一场旨在突出小米 Max 超长持久续航能力的“小米 Max 超耐久无聊待机直播”活动。

直播开始时，小米 Max 手机被装好 SIM 卡，开启 4G 模式，开机设置成待机状态（不运行任何功能）放在桌上。这种状态将一直持续到手机电量耗尽，自动关机。也就是说，这是一场内容不定、时间不定、不分白天黑夜连续进行的创新性实时直播。

直播过程中，不定时地有各路“二次元”达人作为嘉宾出现（二次元指的是动漫圈，也指人们幻想出来的美好世界——编者注），做客聊天。工作人员随便选唱歌曲、漫无目的地聊天、临时起意地掰手腕、比赛吃鸡、发呆、吃饭、画画、打游戏、扎帐篷睡觉……简直可以用包罗万象来形容。有时直播画面中甚至空无一人，只留下直播间凌乱的现场和墙上“我们也不知道这次直播什么时候结束”等字样。

一些网民认为小米的这次直播“非常无聊”，而另一些人却认为，小米能坚持直播是件很厉害的事情。一位网友说：“虽然没什么意思，但我每天都看。”

截至第 11 天，这场直播已经吸引了超过 2000 万观众，并且观众数量仍在增加，观众们通过发送大量的弹幕表达自己对这次直播和小米 Max 的各种情绪、看法。

到直播进行了 13 天的时候，对于设置在 B 站办公室进出通道的直播摄像头，工作人员们已经能做到“熟视无睹”，可以非常自然地从它前面走过去。

直播绝大部分时间仍被无聊占据着。为了制造情节，驱赶无聊，工作人员想出各种雷人方法，他们把肯德基的纸袋挖了两个洞制成头套，倒扣下来请嘉宾戴上；他们让嘉宾直接上去把正在唱歌的主持人推下来……“我为什么要来这里做这个啊？”著名“鬼畜视频”up 主 T20 在直播时无奈地感叹。

纵是如此漫长又无聊的直播，却仍然还是有很多人在看。据统计，该直播每天吸引超过 200 万独立访客参与，在日常流量较高的时段，同时在线人数通常都超过10万，即使在夜里一两点，也会有1万多人在线。

小米在直播的过程中，还会时不时地从参与互动的观众中抽出幸运儿，送出小米Max手机，被刷爆的弹幕基本上都是关于小米Max的。

5月31日，这场“旷日持久”的无聊直播终于宣告结束。31日上午，小米手机官方微博宣布小米Max全程待机17天21小时，弹幕讨论总条数突破3.17亿，独立访客接近3000万，共送出2238台手机。

关键问题来了：这次直播到底为小米Max的销量带来了什么?

让我们来看一组数据：5月17日上午10时，在小米Max的首轮开放购买中，首批供货的10万台手机在几分钟内销售一空，预约量远超过1500万；开卖以后的两个月内，销量突破150万台。

也许会有人认为两个月150万台的销量并不算大，但是据了解，6寸以上的大屏手机卖到这个量是从未有过的情况。之前同类产品的全年最好销量也只是30万台。对比之下，显见小米Max销售成绩的不可思议。

也许直到这时，我们才看到小米Max这场直播的真正价值，它不只是一场超长、无聊的无意义直播，它意义重大——给小米Max带来了巨大销量，使其获得巨大利润。虽然还有直播中抽奖送手机、预定小米手机活动期间每两小时送一台手机以及其他方面的一些成本，但这次直播活动的后期收益无疑要大得多。我们可以想象此时雷军脸上会心的微笑。

小米的这次直播营销确实非常成功，不仅销量惊人，而且使之前一些关于小米的负面言论不攻自破。更多的人通过这个直播了解了小米 Max，甚至是小米公司。

小米公司的此次直播，其创新之处恰恰在于直播的超长性。新媒体发展繁荣的今天，直播实在已经不是什么新鲜字眼，但是一场具体内容未知，限期未知的超长直播却会对人们具有很大的吸引力。普通的、时间有限的直播，绝对不会引来将近 4000 万人次的围观，也不会具有那么大的宣传作用。

此次直播的宣传对象极为明确，选择了较为合适的直播平台 B 站进行直播。B 站作为知名网站，拥有庞大的年轻人资源，75% 的用户年龄都在 24 岁以下，男女比例相对均衡。这些群体正是小米的主要宣传对象。选择 B 站作为直播平台以挖掘大量潜在客户，这是小米公司这次直播营销成功的又一高明之处。

在小米无人机的发布会上，雷军放弃了过去一直沿用的国家会议中心等场地，而是首次进行了一场完全网上直播的新品发布会。

在一间普通的办公室里，雷军通过直播平台，发布了其最新无人机。当天晚上 7 点半左右，雷军开始上线，小米直播间同时在线人数开始从 10 万起不断攀升，到发布会进入尾声时，同时在线人数已经超过 50 万，新浪一直播的在线人数更是一度超过百万。

从小米发布无人机的案例中，我们可以发现当企业的发布会通过直播平台具有了观赏性时，当在发布会上登场的老总成为观众眼中的“偶像”时，即便产品本身结构再怎么复杂、产品介绍本身再怎么枯燥，都足以让大量粉丝在屏幕前守候。

比方2020年4月1日晚上，罗永浩在抖音的直播带货。虽然他对于所带的货完全不了解，对于怎么来带货也一窍不通，但一场3小时的直播还是交出了1.1亿GMV的醒目成绩。这是粉丝在为“老罗”埋单。当然，如果持续输出枯燥干瘪的内容，这也会反过来让“大咖”为此埋单——承担粉丝流失的后果。

另一个值得一提的就是众泰新车的发布：

2016年9月17日，华磊众泰4S店举行了盛大的“你就是豪门众泰Z700发布会”。主办方不但在现场进行了品红酒、百万大抽奖等活动。而且还别具创意地邀请国内知名企业直播平台了直播对本次发布会进行了全程直播。最终活动不光得到了到场众泰新老客户的热烈响应，而且还等到了广大网友的关注。不少观众在为华磊众泰新品发布会点赞，并纷纷表达了自己对众泰汽车的喜爱之情。

从众泰发布新车的案例中，我们可以明显地感受到企业在直播平台上发布要更为随性，其选址不再局限在会场，直播平台的发布形式也更为丰富和生动。

企业借助直播平台专业化的能力对产品的发布会进行直

播，相较于单纯的产品发布形式，综合来看主要具有五点优势（如图 3-1）。

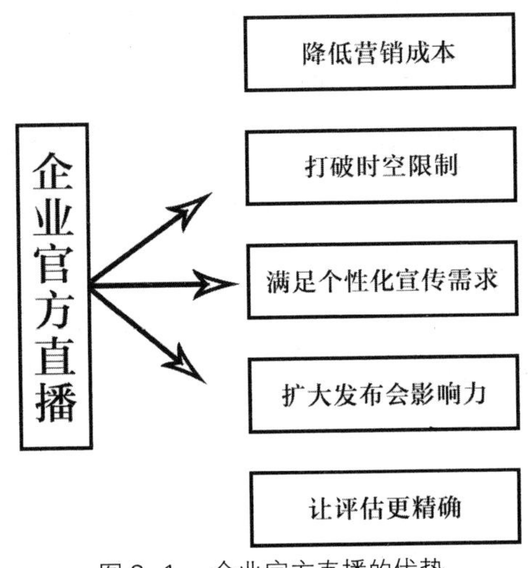

图 3-1　企业官方直播的优势

1. 降低营销成本

就上述的众泰新车发布会来讲，这场新车发布会的实际到场嘉宾只有 100 人左右，而网络观看人数却超过了 7 万人次。假设本场发布会需共花费 10 万元，那么在亲临现场的每个人身上平均的成本就是 1000 元，然而通过直播，实际上最终在每个人身上的成本平均仅为 1 块多。

通过直播花小钱办大事，这对于对成本一向敏感的企业来说，无疑是一笔极为划算的交易。

2. 打破时空限制

能够到现场观看产品发布会的观众毕竟有限，而通过直播，企业能够让更多因种种原因不能来到发布会现场的观众也能同步了解活动进展。即便当时因工作等原因错过了直播，观众也可以通过直播平台的回访功能重温发布会的盛况。

3. 满足个性化宣传需求

直播形式的灵活性能满足企业对产品发布形式的个性化需求。目前一些面向 B 端（企业端）的第三方直播平台不但可以做到发布会直播过程高清、不卡顿、移动化，而且还开通了网上支付等功能，观众在观看发布会直播的发过程中可以随时下单，这无疑能让企业发布会的变现能力大大提高。

4. 扩大发布会影响力

直播企业发布会，为企业影响力的扩散提供了多种渠道。例如企业的宣传推广人员可以将企业直播间的相关链接一键分享至自己的微信朋友圈、公司官网、品牌公众号、企业官微等处。想要了解发布会进展的观众只要点开链接就能同步观看，而且在观看过程中还可以和会场人员实时互动，这就在无形中拓展了发布会的传播范围，使更多的人关注到企业的新产品。

5. 让评估更精确

直播发布会结束后，企业可以对直播过程中的数据与效果进行评估和分析，能帮助企业研判发布会的得失以及产品的改进。数据不但使过去看不见、摸不着的营销效果变得直观可读，而且还有助于企业科学地制定后续的产品迭代与销售计划。

对于想要进行产品发布直播的企业来说，需要特别注意的是：以往的新品发布会，主办方可以邀请媒体为自己进行间接的宣传和二次包装，而直播平台的发布完全取决于人气。实际上，并不是每一个品牌都拥有雷军这样可以聚集人气的大佬，这就要求发布直播具备一定的话题性。在魅族的一场新品发布会上，主办方就特意邀请了 23 位美女主播为发布会造势，创造了品牌手机发布会网络红人直播人数最多记录，同时也制造了关注点。

企业将产品发布会搬到直播平台，其意义不仅在于改变了发布会的传播路径，更重要的一点在于企业将发布会的沟通渠道直接打通。从此以后发布会将不再是企业一方的独角戏，而是观众和企业的交谊舞。

明星直播：利用粉丝效应打造爆品

回顾 2019 年的品牌营销，明星直播必然是焦点。在这一年中，见证了直播带货的力量，各路明星也成为各个直播间的常客。

直播营销之所以能呈现火爆的状态，原因之一是其拥有庞大的用户基数及变现模式。2019 年 3 月 30 日，在淘宝举行的直播盛典上，淘宝官方公布了这样一组数据：2018 年淘宝直播平台带货超千亿，同比增速近 400%，创造了一个全新的千亿级增量市场。这震撼的数据必然使淘宝直播成为一个香饽饽，也使得各路明星纷纷入驻。

在淘宝直播中，消费者可以自由选择喜欢的明星直播间。

淘宝在2019年1月份直播策划了明星周，把高露、刘璇、蒋梦婕、苏青、垂楠、赖雨濛等当红明星请入淘宝直播间。随后李湘、汪涵、王祖蓝、谢霆锋等也开始在淘宝和快手进行直播首秀。明星直播带货，多数赢得了不俗的销售战绩，这不仅使得直播以更快的速度传播开来。

明星带货之所以火爆，是基于明星巨大流量以及公众对明星的信任。相比于传统主播与网络红人，明星本身就拥有众多的粉丝，这也使得其具有强大的号召力，他们自身携带的流量就能在短时间内迅速集聚人气。这是明星投身直播营销的优势所在。

图3-2 明星在直播带货

在直播间里，明星带货并不仅仅是为产品宣传，还有互动环节、访谈环节，甚至还有明星砍价。

明星进行直播营销时，最合适的产品应该是服饰以及美妆类产品，因为对于这类产品，明星自身便是一块招牌，能轻易被粉丝所接受。并且也有许多粉丝相信，明星不会为了一些并不好的产品代言，明星同样担心某款产品不好，对自己的人气造成负面影响。

对于企业来说，邀请明星直播需要有选择性。例如有品牌方邀请王祖蓝在快手直播，12 分钟内，王祖蓝卖出了 10 万份面膜。但是，也有品牌方在与他合作时，直播观看量高达 42 万，但成交量却仅仅 64 盒干粉。为什么观看直播的用户那么多，销量却如此低呢？原因即在于信任，消费者会产生疑问，王祖蓝会用干粉吗？他需要用到吗？当消费者产生疑问时，便丧失了对明星的信任感，也带不动货。

李湘也是如此，在淘宝直播间直播时，曾两个小时内卖出了 1 亿的空调，然而她在卖奶粉时，成交量才 77 罐。

可见，并不是明星带货就一定销售火爆。明星带货应该是有所选择，对于产品的选择、对明星类型的选择，等等，都是需要仔细考量的。

直播作为一种新兴的传播媒介，可以让不同的主体在上面任意展示，当企业携手明星在直播间中呼风唤雨时，企业对于观众来讲无形当中就拥有了明星光环，明星的粉丝就成为企业的消费者。让明星在直播间为企业宣传，让观众通过自己偶像的卖力宣传更直观地认识品牌，继而下单购买，这何尝不是一种令人兴奋的全新模式！

网络红人直播：流量带货谱写营销神话

在已经过去的2019年，我们见识到了粉丝的消费能力，也看到了电商行业新的营销方式，即网络红人直播。主播的超强带货能力使销售量节节攀高，这种销售方式是传统的营销模式不可比拟的。

其实网络红人主播带货并不是在2019年才兴起，早在2017年，薇娅就创下了直播5小时成交7000万元的纪录。从这个数据我们可以看到，网络红人淘宝直播确实可以吸引到更多的消费者。

但也有不少人对此发出质疑：网络红人主播带货能力真的这么强吗？为何有的企业请了主播进行直播营销，销量却上不去？

通过分析，我们认为带货效果跟四点因素有关(如图3-3)。

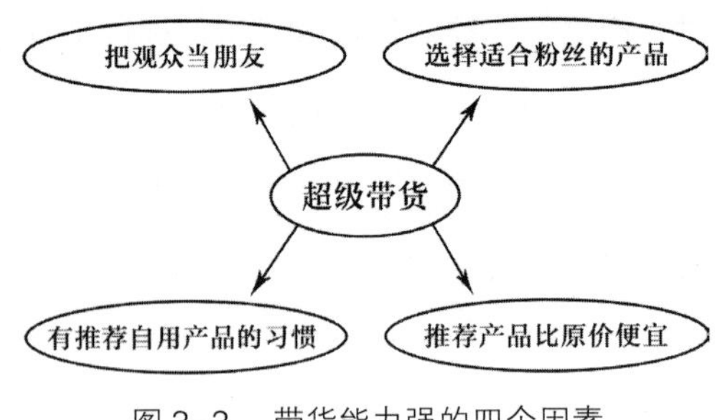

图3-3　带货能力强的四个因素

1. 把观众当作朋友

在观看直播时我们发现，带货能力强的主播往往不像一个销售或导购，而是更像是一个朋友。当我们在线下走入实体店时，导购员便主动一路跟着，只要消费者的眼光落在哪一件商品上，她就会喋喋不休地介绍。这给消费者造成了极大的干扰与压力，让人恨不得赶紧离开店铺。但是，如果和朋友一起走进去，当朋友说这个商品她用过，并且介绍效果时，我们几乎不假思索就会选择购买。

因为朋友是值得相信的，而导购不值得信任——他们之所以推荐，是与提成挂钩。

好的主播在直播时，通常会将自己的使用心得告诉消费者，并且说出它的优点。当消费者看到和听到主播的推荐后，会如何听到朋友推荐一样地下单购买。而当消费在购买产品后，有了较好的使用体验，便会长期关注这个主播，并且不自觉地信赖他所推荐的产品。

2. 有推荐自用产品的习惯

带货能力强的主播一般平时也有分享产品的习惯，如果一位主播平时没有分享过自己喜欢的产品，突然让他去推荐某件产品，粉丝就会察觉出这是一场营销，会反感这位主播。网络红人主播一般是在某个特定的领域有影响力的人物，而他能分享的产品也是他所属的领域的，如果超出那个范围，就会给消费者带来不适。

这一点我们可以拿美妆主播举例，一般的美妆主播在生活中也会给粉丝推荐一些比较好用的产品，在直播时推荐美妆类的产品也容易被粉丝接受。

比如薇娅、李佳琦这类红人，在微博上他们经常会分享好用的产品。在直播时，就算是他们也像导购一样有提成，但他们会以朋友的口吻推荐，这比较容易得到粉丝的信任。

3. 选择适合粉丝的产品

主播确定要在直播间营销某样产品时，首先需要确定的是这类产品的消费群体。以主播分享自己的服装穿搭为例，当主播确定了要合作的商家时，需要从商家的众多服饰中挑选出符合自己粉丝心理定位的产品，而不是盲目地营销。粉丝群体能承受的价位、所喜欢的风格，都是主播需要考虑到的因素。

如果主播盲目推荐，没有使用产品，也没有进行预选，只是对产品进行泛泛的介绍，很快就会失去粉丝的信任。

通过直播销售产品，粉丝拿到实物发现很好用，便有可能成为忠实粉丝；如果不好用，主播的人气也会大打折扣，进而影响到品牌。

4. 推荐产品比原价便宜

一般情况下，主播介绍产品的方式有两种，一种是日常“种草”，另一种是淘宝直播活动。

日常“种草”一般是通过文章和小视频向粉丝推荐自己的使用心得等。这种方式一般容易受到粉丝的青睐，大多粉丝都有这样的心理，即“你既然在用，必然是好的”，也有的人会追求“同款心理”。

淘宝直播需要与商家联系，在收到产品的样品后，配合商家的店铺优惠进行的直播活动，比如“双十一”“女王节”等等节日，一般在这些时候，会有相关的优惠券放送。粉丝在观看直播时，主播会在直播界面发放优惠券，或者在直播中开展“秒杀”等活动。很多粉丝看到这类活动就会不由自主地购买。直播红人李佳琦，他在直播间推荐的口红能在短短几分钟之内卖断货。

在各种直播当道的今天，想要寻找优质的网络红人并不难，可以根据自身品牌特色进行筛选。找准一个适合自己品牌及产品的网络红人，才能创下产品销量的高峰。

素人直播：布衣王者成就另类营销

除了明星和网络红人可以进行直播营销以外，素人主播也可以通过直播营销带货。直播并不是网络红人和明星的专利，其实素人虽然没有上镜经验，但也有其独特优势。

在这里，我们先看几个素人直播营销的案例。

1. 京东员工直播营销

在京东的直播平台上，最近出现一些不按常理出牌的主播，他们与普通主播不一样，他们较为冷静。这些人大多是素人，即不是网络红人和主播。他们没有过多的肢体语言和煽动性的语气，而是以专业的知识和丰富的采购经验收获了一大批粉丝。

这些主播的胸前佩戴京东的员工卡，手里拿着京东自营产品。有不少用户对此产生疑惑：京东难道招聘了一批主播？这些主播是京东的正式员工。他们不是专职主播，其实而是各个品类部门负责采销工作的资深员工。

这些采销经理有着丰富的经验。他们与众不同的直播方式成为直播行业一道不一样的风景线。

值得称道的是，京东将采销经理们推进了直播间。采销经理对于产品有足够的了解，唯有了解产品才能知道消费者对它的期待，才能更好地将它介绍给消费者。

京东的采销经理直播也提醒了企业主，采购人员有着丰富的采购经验，非常熟悉厂商及产品，如果他们能出现在直播间，对于产品的讲述更加全面与深入。

以电脑数码事业部的“NV 哥”董阔为例。他作为电脑产品知名 KOL，又是硬件达人元老，在微博和抖音等社交平台拥有众多粉丝。

NV 哥早期在 BBS 分享高端硬件晒单和组装电脑教程的文章，便开始备受关注，并且他还成功地帮助了很多装机爱好者。他还曾被英特尔、英伟达、雷神、华硕、AMD 等十余家知名厂商邀请出席新品发布会直播，累计观看人数超 150 万人次。但是他的发展也并不仅于此，还曾将制作的视频栏目《IT 达人秀》和《攒机攻略》在京东站内及视频网站发布，累计播放量 700 万次。NV 哥以专业风趣的内容为资深用户和电脑小白种草电脑产品，他对行业的热爱和专业度也受到了业界的肯定。

像 NV 哥这样的人隐藏在京东各个部门里，而在的“京东自营推荐官”中则有很多这样具有丰富的采购经验和知识的专业人士，无论是电脑数码还是美妆，又或者是母婴及酒水等领域，都有他们的身影。

对于采销人员而言，直播营销只是将工作场地转移到了直播现场，并借助直播平台将选择产品的秘诀与产品的特点，甚至是一些潜在的规则分享给消费者，但是对于消费者来说，这种直播方式具有较高的可信度。采销人员与网络红人的区别就是，他们没有粉丝光环，他们能做的就是倾囊相授。

京东推荐官的出现是素人直播的一大特色。他们所有的经验都来自真金白银的投入和万千产品之间的对比，他们常年在各自的领域与各大品牌接触，在走近产品一线的同时还需要洞悉消费者的心理。也正因如此，他们推荐产品时虽然没有专业主播的气场，却依然备受消费者喜欢。

2019 年 7 月，京东正式宣布推出红人孵化计划，即“京品推荐官”。在这一计划中，京东投入至少 10 亿资源，其中包括京东 App 发现频道和视频直播等站内资源，以及站外流量资源，如抖音、快手、今日头条等。从这些投入，就可以看出京东对此计划的支持。

2019 年 8 月 27 日，京东蒙牛超级品牌日当天，网络红人主播现场直播，在两个小时的直播中，仅 PURE MILK 牛奶的销量便超过了 10 万箱。

2019 年 9 月的“99 秒杀嗨购日”时，京东专门设置了达人推荐专场，目的在于为消费者提供更多购物乐趣，同时也展现出京品推荐官的带货能力。据数据显示，“99 秒杀嗨购日”红人仅用了两小时，两百多台的 ThinkPad X395(0YCD）被一抢而空。

这些数据均证明了京品推荐官的带货能力，也说明了这个计划的成功。

“京品推荐官”是京东基于现在的网络红人经济的布局，而“京东自营推官官”则是京东在直播带货模式上的全新尝试。无论是哪一种，对于直播和京东都是创新。在直播的发展过程中，必然还会有类似于“京东自营推荐官”之类的新玩法出现。

2. 法官直播司法拍卖

据悉，最近全国多家法院已经联合阿里拍卖开始了司法网的直播活动，在 2019 年的“双十二”期间更是创造了 1 个小时热销 1 亿的战绩。这些从未直播过的法官走入直播间，销售战绩接近网络红人。

以某法院的 A 法官为例。A 法官在阿里拍卖的一场直播中，为了让消费者能够了解标的物，亲自当起了模特，展示拍卖物。虽然他们对于直播的方法或许不如专业主播，但是其做法却让不少消费者为其点赞。

在直播的过程中，A 法官们还不忘为消费者们讲解法律知识，在展示拍卖物的同时，也提高了消费者的法律知识和素养。有不少消费者表示，这样别开生面的司法拍卖，更像一次普法。

随着直播的发展，法院选择网络直播拍卖其实也是顺应了社会的发展。各级人民法院为了更好地实现司法为民、公正司法，纷纷开始探索各种形式的拍卖。其实阿里拍卖多年前就已为各地法院提供了免费平台来协助司法拍卖，但直播拍卖则是近年才有的事。

拍卖通过直播的形式，其实是司法公开多样化的体现。在过去，很多标的物由于缺乏可供宣传的平台，导致估值严重缩水，损害了司法当事人的合法权益。而法官直播法拍，让标的物走近更多人的视野，成为以司法公信力为背书的网络拍卖新形态。

司法拍卖一直以来都比较封闭，因为传统的司法拍卖存在佣金高、周期长、受众面窄、不透明等问题，而现在通过直播进行司法拍卖，上述问题均能得到有效解决。

所有拍卖的产品都在广大网民的监督之下进行，每一个消费者都能通过视频见证司法执行得是否公开透明。这是司法拍卖的进步。

3. 直播带货的副县长

商河“80 后”博士副县长王帅，为了推销扒鸡走进了直播间。他模仿李佳琦说“距离千年老店，只差八百年”“这味道，上头！”等等。

他表情夸张，一口接一口吃着扒鸡，不时学李佳琦的口吻介绍，很快就销售了 3 万只扒鸡。在大家的点赞和转发中，扒鸡的销量节节攀升。平时半年才能卖到的销量，通过这支视频一天内就实现了。

商河县是山东省首批12个“村播计划”试点县之一，也是济南目前唯一的淘宝村播试点县。这类直播在商河已经司空见惯，截止到目前，商河县内举办的大型直播活动已达20场，最高的在线人数高达130万人。王帅并不是商河县直播卖货的第一人，在2019年1月，商河县副县长陈晓东在网上卖商河年货，成为山东省第一个尝鲜“网络红人”的副县长。他创下了“10秒卖出100个瓜”“1小时销售额突破20万”的直播销售记录。

有很多人对于镜头有点畏惧，面对镜头时会不自然，甚至说话也会结结巴巴，王帅也是如此。但是为了带动销量，他在每次直播之前，都会研究其他主播的直播方式，并分析销售数据，了解什么样的产品比较好卖，什么样的包装更受消费者的青睐，并且还要了解自己所推荐的产品具有哪些优点，在这些产品身上，消费更想知道的是什么，如果自己是消费者，会想要了解什么。当完全搞懂这种问题后，他直播起来也就没那犯怵了。

在2019年8月的中国淘宝村高峰论坛上，王帅在一个网络红人的直播间里，做了一期针对商河县的专场公益扶贫直播。直播时间20分钟，下单量超过了2万单。

素人王帅从一个直播小白走向网络红人，他的故事值得所有的企业主借鉴。如果一个企业还没有与网络红人或者明星合作的预算，也可以通过自己的人员储备寻找更加适合的方式。

一种新媒介的出现，将会导致一种新文明的产生，并且每一次的媒介变革都会带来一场营销革命。可以毫不犹豫地说，直播营销之所以能快速受到大众的认可，就在于它的特殊性，而恰当利用直播营销，就能使这场媒介变革成为企业经营发展的助推器。

04 直播营销需要做哪些准备

不打无准备之仗。直播开始之前，主播需要提前了解关注网络直播需要注意的一些知识，比如，这场直播的观众定位，他们喜欢看的是哪种类型的内容，他们看这场直播的目的是什么，作为主播，自己应该怎么样做等等。

只有了解了这些基本知识，再充分地迎合观众，主播才能达到自己做直播的目的。

如果没有提前了解，那么在做直播时，就会不可避免地造成不知道说什么的尴尬场面，这不仅会使粉丝流失，甚至还会对品牌产生一定的负面影响。

直播营销的 3 种模式

现在视频直播主要分为秀场模式、游戏模式和泛生活模式三大类（如图 4-1）。

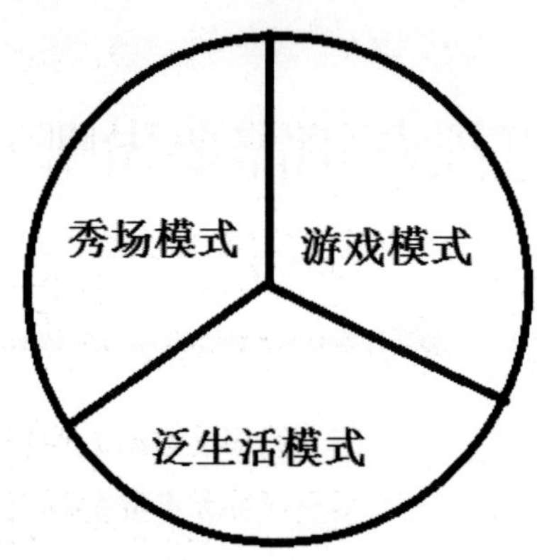

图 4-1　直播的分类

1. 秀场模式

目前最知名的直播模式就是秀场模式。秀场模式衍生于视频聊天室。

有不少人认为秀场模式是美色经济，即利用美色吸引男性用户，形成吸引客户—激励客户—用户付费的完整供应链。然而并非如此，秀场模式的主播一般是帅哥美女，以高“颜值”配合才艺，通过聊天、唱歌、跳舞等内容吸引大量用户。

现在的秀场模式中，国家监督机制已经杜绝了一些主播们的出格表演，所以并没有所谓的美色吸引。有调查显示，在秀场模式中，男性主播占据了大咖的大部分。那么，到底是什么吸引那么多观众参与到秀场模式中来呢?

答案很简单，是归属感。

年轻一代看中的是参与感，他们并不满足于看到你、摸到你，而要能够参与进来，与你一起成长。最明显的例子就是主播参加活动，再带动粉丝进行拉票。这个时候，已经由原来的艺人和粉丝变为了患难与共的队友。

正是这种模式提高了粉丝的归属感，进而增加了粉丝与直播平台的黏性。正因为如此，秀场模式才能吸引很多的观众参与进来。

虽然在秀场模式中，主播可能会有同明星一般的待遇，但是他们与明星之间依然有着本质上的区别。

在秀场模式中，粉丝和主播是相通的。粉丝能够非常方便地与主播互动，粉丝可以在主播进行直播时进行评论，而主播也会根据粉丝的要求表演相关的内容。但是粉丝和明星之间的沟通只能通过第三方的媒介，粉丝无权要求明星做任何事，但是粉丝却要为明星的某些活动埋单。

主播和明星获得报酬的方式也是不一样的，主播的报酬来源于粉丝的打赏，以及与直播平台签约等方式，而明星获得报酬的时间长，拿到报酬的方式也较为复杂。

秀场模式充分挖掘了每一位粉丝的付费意愿，在拉近粉丝与主播距离的同时，也增加了平台与粉丝之间的融合性。

秀场模式最值得举例的便是YY平台。YY平台采取工会机制，利用庞大的普通用户刺激“土豪”的产生，使“土豪”拥有成就感和荣耀感，进而在促进其消费。这也是目前国内大部分秀场平台获得商业收益的核心策略。正是因为秀场模式依靠了良好的变现方式及互动特点，才能吸引大量的主播和观众进入平台，才能使平台采取各种形式增加用户之间的黏性，并刺激粉丝进行消费。

2. 电竞模式

在江西南昌，有一位12岁的小男孩，他很喜欢打lol，于是开始直播lol，曾经18连胜王者，被网友们称为“幼年厂长”。

这位小男孩上线直播时，观看人数高达6万，后来甚至一度高达14万。而他通过直播，月收入已达到3万元，并且还获得了职业赛队的邀请。

在以前，玩游戏的人会被称为玩物丧志，而现在，只要游戏玩得好，不仅能轻松养活自己，甚至还能养活家人。喜欢游戏的玩家对于游戏玩得好的主播，根本不吝啬自己的钱，看到激动之处狂刷礼物打赏。也正因为有一大批人喜欢玩游戏，并且不在乎投入的金额大小，使得游戏直播成为非常赚钱的职业。

根据企鹅智库发布的《2019全球电竞行业与用户发展报告》显示，2019年，中国的电竞用户预计突破3.5亿，产业生态规模将达到138亿元。2019年7月，艾瑞网发布了《2019年中国游戏直播行业研究报告》。报告显示，2018 年游戏直播市场规模达 131.9 亿元，较 2017 年增长超过 60%，预计到 2020 年规模将达 250 亿元。随之，游戏平台用户规模增速也将同步放缓。2018 年，中国游戏直播平台用户规模达 2.6 亿人，预计 2019 年规模将达 3.1 亿。

从这些数据我们可以看出，游戏模式在直播平台越来越受欢迎。平台也越来越注重游戏直播这一板块，而且还有一些平台主打游戏竞技直播。

游戏直播模式与其他的平台不一样，所以收入也有所区别。游戏直播模式主要是依靠广告、游戏和虚拟道具来盈利。

和秀场直播相比，游戏直播模式虽然出现得比较晚，但因为其具有独特的趣味性和高黏性的优势，赢得了许多游戏迷的支持。并且游戏直播模式不仅拯救了被主流行业排斥在外的电竞行业，还借此使游戏直播称为直播产业中不可忽视的一股力量。在目前的三种模式中，游戏模式受欢迎的程度仅次于秀场模式。

3. 泛生活模式

在秀场模式和游戏模式之外，原本属于小众直播的泛生活模式悄悄盛行。当人们开始注重分享与陪伴时，其也被称为视频直播的新引擎。越来越多的人希望将自己的生活搬到摄像头前。

这种模式迅速崛起，比如趣播、花椒、富秀云播等，泛生活模式最大的特点是，直播内容转向了移动的全民化，并且高度去 PC 化。

泛生活模式的红人之一便是 papi 酱，她在 2016 年 3 月，获得了逻辑思维的 1200 万元的融资，在得到巨额资本注入后，其本人的发展更为迅速。而 papi 酱的成长也表明，泛生活模式在运营当中，外来资本注入能使这种模式得到快速发展。

现在，泛生活模式已然从小众行为变成大众行为。其之所以能迅速崛起，就在于泛生活模式直播的受众投递精准，可以满足现代人的需求，所以占据了极高的市场率。并且还以直播与广告营销结合的方式，催生了更加丰富的盈利模式。

现在三大模式谁能称道还值得期待，无论是泛生活还是游戏，又或者是秀场模式，还是会有新模式异军突起，都是值得期待的。

主播如何选对服装颜色

主播在选择颜色时应当做到主次分明，而对主色的选择应当依据自身的肤色来定，毕竟不是所有的颜色适合所有的人。中国人虽然属于黄种人，肤色总体偏黄，但根据肤色的色彩偏向又可以分为几种：偏白、偏黑、偏黄、偏红。根据不同的肤色倾向，应搭配不同的服装色彩，这样才有助于塑造主播的最佳形象。

以下是不同肤色的服装选配。

1. 肤色偏白

肤色偏白的人选择色彩时能够搭配多种颜色，但需要这些主播注意的是尽管选择色彩的范围比较宽泛，但是为了自己的面部看上去有血色，不要显得苍白，还是应尽量避开纯白等冷色调的。

2. 肤色偏黑

肤色偏黑的主播适合纯度较高的深色，但在使用鲜亮的紫蓝两色时要保持谨慎。至于浅黄、粉红等明亮的浅色则应当避免使用。因为当肤色偏黑的主播选择了较明亮的色彩时，自身的肤色会因为强烈的对比而显得更深。此外，金、银色调颜色单一，同样适合肤色偏黑的主播。

3. 肤色偏黄

肤色偏黄的主播为了避免脸部呈现出面黄肌瘦的菜色，应当避免使用绿色，同时由于紫色会和黄色形成互补，造成面部暗沉，所以肤色偏黄的主播也不适合紫色。此类主播适合白色、灰色等浅色柔和色调，还也适当点缀鲜亮色彩。

4. 肤色偏红

肤色偏红的主播应当使用深浅灰、浅驼、浅蓝等色，同时谨慎使用暖色。而绿色作为红色的互补色，一旦同时使用会使红色显得更加突出，造成很不协调的对比，所以为了使这部分主播看起来不显得艳俗，应当避免鲜亮的绿色。

选好了主色调，接下来还应选好恰当的点缀色，只有两种颜色做到相辅相成，色彩的魔力才会发挥到最佳状态。

主色为淡色应当搭配的点缀色（如表 4-1 所示）：

主色（淡色）	搭配色
白色	黑色、所有深色、鲜艳的色彩
浅米色	黑色、红色、褐色、绿色
浅灰色	褐色、红色、深绿色、深灰色
天蓝色	褐色、紫色、米色、深绿色、深红色
粉色	米色、紫色、灰色、藏青色
浅黄色	黑色、褐色、灰色、藏青色
浅紫色	褐色、深紫色、藏青色
浅绿色	红色、深绿色

表 4-1 主色为淡色应当搭配的点缀色

主色为深色应当搭配的点缀色（如表 4-2 所示）：

主色（深色）	搭配色
黑色	米色、白色、粉色、柠檬黄、天蓝色
褐色	白色、米色、黑色、橙红、橙绿、深绿色
深灰色	米色、黑色（所有浅色和艳色）
藏青色	白色、紫色、紫红、鲜绿、柠檬黄、紫松色
深绿色	白色、米色、天蓝色、鲜红色、浅黄色
深紫色	天蓝色
深红色	褐色、米色、天蓝色

表 4-2 主色为深色应当搭配的点缀色

主色为鲜艳色应当搭配的点缀色（如表 4-3 所示）：

主色（鲜艳色）	搭配色
蓝色（泛紫）	黑色、白色、鲜绿色
绿松色（蓝色泛绿）	白色、棕黄色、藏青色
绿色（偏蓝）	白色、黑色、藏青色
绿色（偏黄）	白色、米色、棕黄色
金黄色	白色、黑色、褐色
柠檬色	白色、黑色、橙色、深绿色、淡粉、藏青
橙色	白色、黑色、柠檬色、深绿色
紫红色	白色、藏青色
新红色(朱红色）	白色、褐色
紫色	白色、褐色、粉色、天蓝色、绿松色

表 4-3 主色为鲜艳色应当搭配的点缀色

最后，当你实在不知道该如何搭配颜色的时候，还有以下两个规则可以一用。

原则一：全身色彩以三种颜色为佳。当你并不了解自己风格的时候，不超过三种颜色的穿着，能够让你不出大错。一般整体颜色越少，就越能体现优雅的气质，并给观众鲜明清晰的印象。

原则二：色彩搭配有主次之分。全身服饰色彩的搭配的面积要避免 1 ∶ 1，尤其是穿着的对比色。一般以 3 ∶ 2 或 5 ∶ 3 为宜。

永不过时的几种衣服搭配

讲究的搭配可以提升主播的气质，不合时宜的着装则会使主播的形象大打折扣。下面就从男女两个角度给大家介绍几款搭配：

1. 男主播

（1）连帽卫衣 + 运动裤 + 板鞋

套头卫衣休闲运动的版型设计，具有校园气质的衬衣款式，凸显超强的时尚感，下装穿搭运动棉质长裤，展现校园达人气质，衬托上装卫衣与衬衫款式搭配的风格，再穿一双板鞋，这种男装圆领卫衣搭配的整体画面就是在塑造一个气质男。

（2）半开襟短袖 T 恤 + 军绿休闲裤

“半开襟短袖 T 恤 + 军绿休闲裤”的搭配，半开襟短袖 T 恤本身具有大多数 T 恤衫贴身凉快的优点，同时还能展现出男士健壮宽广的胸肌，给人以时尚、立体的感觉，在直播间穿着这样一件衣服，会令男主播变得成熟而又魅力。而军绿色休闲裤和短袖 T 恤的搭配则成就了一种经典款式，因为这样的搭配将衣服的颜色和款式完美地协调在了一起。

（3）格子衫 + 白长裤 + 小白鞋

休闲中又透着十足型男味道的搭配，绿色、白色、灰色的格子交织，搭配一条白色的长裤，再加上小白鞋，干干净净的风格着实让人着迷。

2. 女主播

（1）淑女风的夏季长裙搭配

凸显气质又很优雅的长裙适合走成熟知性路线的主播，经典的小黑裙可谓超级百搭，腰间有镂空设计，时尚而又性感，并且超级显瘦显身材，穿上身很有女神的气质，脚上搭配一双裸色高跟拖鞋，极具时尚感，再手提一个立体复古的小包包，超级有范。

收腰百搭修身的连衣裙款式会让你在直播过程中尽显女神风范，简约而不简单的设计让人过目不忘，配上复古穿法的袜子与尖头鞋的搭配更具摩登感！

（2）白 T 恤搭配短裙

小清新的搭配总是能第一时间吸引观众的眼球，如果你认为自身的气质适合小清新的装扮，那么一定不要不错过这款小清新搭配，白 T+ 短裙清凉而又好看。

这是完全不挑身材的装扮。将白 T 恤的一角随意扎进裙子里，优化了身材的比例，显瘦的同时又显高，即便脚下踩着一双平底鞋也不用担心。再加上田园风小清新的碎花半身裙，这么好看的一款裙子，相信很多喜欢田园风的观众都会喜欢的，高腰设计，能够很好拉长身材比例，配上腰带，显得更加好看。

（3）短款 T 恤 + 牛仔半身裙

女主播要想充分显示自己的形体美，短款 T、短裙都穿起来就对了，这身甜美又清爽的搭配，观众们难道不喜欢？可爱的短 T，搭配不规则的牛仔半身裙，显高又显瘦。

特别是个头较矮的女生适合这种搭配，因为穿短款的上衣会使身材比例得到拉长，再加上一双随性的懒人鞋，无论是穿上去还是看上去，都会给人很舒服的感觉。如果你是牛仔控，那么这款牛仔半身裙更能显瘦遮肉，最为特别的当然是裙摆处不规则的设计，怎么看怎么显得有个性。

不同场景下的机器配置

直播并不是随手拍一段视频，需要专业的设备进行后台支撑，并且不同的场景需要用到的机器配置也是不一样的。

1. 室内直播

通常我们所见到的室内直播分为两种，一种是用手机进行直播，另一种则是利用电脑进行直播。

（1）手机直播

移动互联网时代的今天，利用手机进行直播的用户越来越多，对于这类群体来说，直播时的配置应该按照以下几点进行。

需要提前准备一台运行速度快、像素高的手机，这样才能保证直播时画面可以达到最佳的状态。如果想要自己的声音变得更加动听，或者是在直播的过程中使声音呈现多种效果，主播还需要准备一张手机直播声卡。另外还需要准备的是电容麦克风。这种麦克风就有体积小、重量轻的优势，如果主播需要走动或者唱歌、跳舞等，就一定要准备电容麦克风。但是需要注意的是，要距离话筒远一些，以防喷麦，即录音时距离话筒太近，嘴里喷出的气息使话筒噗噗作响，影响录音效果。

（2）电脑直播

使用电脑直播的主播，最好是提前购置一台台式电脑，并且配置要稍微高一些。因为高配置的电脑性能会更好一些。还需要准备两个显示器，一个用来做直播，另外一个则用来与粉丝交流互动。

与手机直播相同的是，电脑直播也要准备麦克风，并且麦克风是电脑直播时的必备装置，无论是唱歌还是喊麦都必不可少。另外还需要准备清晰的摄像头。

室内直播是直播中最为常见的一种直播方式，选择正确的直播机器，是迈出网络直播关键的第一步。

2. 室外直播

室外直播是最为简单的直播方式，主播不需要准备过多的机器设备。如果利用手机进行直播，只需要准备充电宝、三脚架和自拍杆等就可以了。如果是用电脑，那么一定要选择轻便的电脑，其他的设备和室内相同，即摄像头、声卡、耳机、话筒等。

室外直播最重要的是简单轻便，所以建议选择手机进行直播。

05 直播营销的低成本获客秘诀

愈来愈高的获客成本，成为企业不堪承受的重负。而直播正处于高速发展阶段，垄断格局尚未形成，企业还有低成本获取流量的机会。同时直播本身具有的草根属性，使得企业在进行直播营销的过程中不必花费巨额资金聘请明星大腕做代言，有必要的话，让公司老总、企业员工甚至消费者来做主播都是可行的。

发布企业日常，塑造品牌形象

作为中国新媒体产业的最前沿，从世纪之初的蹒跚学步，到今天的高速发展，各大直播平台已经积累了天量的用户数量。而这些观看直播的用户往往都是有一定购买力且娱乐精神较强的青年，而这些人往往也是各类企业产品的消费主体。就像人们看待素颜与化妆之间的关系一样，相较于包装华丽的宣传大片，这些年轻消费者似乎更想关注企业在平日里的表现。

因此，在规模庞大的用户基础和传播效应的驱动下，直播已成为当今时代企业自我宣传的最佳窗口。

直播能够让企业放下对成本的担忧，多层次地向消费者推广品牌知名度，以独辟蹊径的方式激发消费者的兴趣。从目前一些企业在宣传自身经营日常的案例中，我们可以一睹直播对企业社会形象的巨大塑造效应。

首先，我们先来看看万达集团的做法。

在雷军和周鸿祎等互联网巨头们率先加入直播、开企业日常直播先河的时候，实体经济的代表、房地产巨头万达也不甘落后，立即跟进。2016 年年中，万达集团和花椒直播宣布进行深入的战略合作，万达集团整体入驻花椒直播，开通专属万达的企业直播间，向观众全面展现万达的企业文化。通过直播，人们不只可以看到万达的战略发布会，而且还能一睹万达员工食堂和宿舍的真貌。

不仅如此，作为万达领头羊的王健林还率先垂范，多次通过直播的方式，向观众展示自己企业的方方面面。在某年万达的年会上，王健林就在直播过程中以一首自己的《西海情歌》征服了网民（如图 5-1），被很多观众戏称为“灵魂歌手”。

图 5-1　王健林演唱《西海情歌》

万达和王健林通过直播，让许多观众看到了一个有血有肉的万达集团。这种通过向观众展示企业真实自然的表现，继而宣传企业自身形象的行为，在观众看来毫不做作，受众的接受度也较高，不得不让人佩服。

除了地产行业的万达，餐饮行业知名平台“饿了么”也做了相关的尝试。

2016年6月7日，国内著名网上外卖订餐平台“饿了么”三位创始人张旭豪、康嘉、张雪峰进驻YY直播，又一次树立了企业日常和直播相结合的典型。

在YY直播上，三位创始人和观众亲密互动，不但和网友一起分享了企业初创时的青葱岁月，还做起了“导游”，带领观众游览了饿了么公司总部，向观众全面展示这一“外卖帝国”的神秘内在。

就在饿了么三位创始人通过YY直播带着观众参观公司总部的当晚，直播间已吸引了几十万满怀好奇的网友，很多观众通过弹幕、留言等方式纷纷表达了自己对“饿了么”的全新认识。有的观众说今晚总算亲眼看到了自己饮食父母的真容，有的观众则为“饿了么”如此接地气的表演而拍手叫好。

在饿了么创始人之一康嘉看来，之所以要选择直播作为企业首次向公众开放的宣传媒介，是因为饿了么是一家“网络+食品”的企业，饿了么的目标人群就是爱吃爱玩的职场新人，这与直播平台的主要用户群体高度契合。饿了么希望通过直播这一全新的社交方式，让大众印象中的饿了么品牌更亲民，让年轻人心目中的饿了么更为贴近自己的生活。事实证明，他们的目的达到了。

同样，宝马Mini在为自己的新一代车型做宣传时也选择了同样的方式：

2016年5月，为宣传新一代Mini车型，宝马Mini携手《时尚先生》杂志在映客上对时尚大片拍摄过程进行了为期3天的直播。而这场直播的主角就是宝马 Mini 经过层层筛选过后的四位男星——井柏然、杨祐宁、秦昊、阮经天。宝马 Mini 是第一个对拍摄片场开展视频直播的汽车品牌，四位男星在颜值方面足以俘获一大批年轻受众，在直播过程中，共有 530 多万观众同时观看。

对于这次在线直播，宝马 Mini 汽车官方给出的解释是这样说的：之所以要对拍摄片场开展视频直播，原因就在于宝马 Mini 汽车的目标并不是要像以往的宣传模式那样简单地消费明星和话题，而是期望通过直播平台和观众一同塑造全新的内容和价值。

让 Mini 汽车的宣传如此轰动的原因，主要在于它成功地把握住了直播对企业日常的宣传效应。当观众通过直播不仅能看到一个豪华品牌在公众印象中光鲜亮丽的一面，而且还能看到企业在日常经营中是如何打造这种豪华感的，观众怎能不心生好奇，而这种好奇又会驱使着观众通过观看直播来了解他们，直播营销的效果就在这个过程中得以实现。

直播的即时性使得它能在较短的时间里协助企业取得观众的信任与好感，继而提高用户对品牌的美誉度。在不远的未来，当企业的公关人员讨论如何塑造企业形象时，部门领导叮嘱下属的将不再是发朋友圈，而很可能是上直播。

实事求是地讲，花椒、YY、映客等新型在线直播平台的崛起，并不意味着微博、微信等传统企业网上营销形式会走向终结，由于功能属性各异，在未来相当长的一段时间中，直播、微信、微博三方大概率仍会延续并驾齐驱的态势，共同构成企业在品牌营销中最为倚重的三个宣传阵地。

可以想见，在雷军、王健林等企业家的示范引领作用下，未来会有更多的企业选择通过直播来宣传自己的企业日常。无论是互联网企业还是实体企业，通过直播进行自我宣传，可以说是未来企业品牌营销的一种趋势。不光是年会，公司产品的生产环境、员工的工作状态等都可以经直播平台向所有观众展示，这种大胆凌厉的宣传方式就像九十年代末的房地产一样，谁先做，谁就能抢占先机获得更高的品牌价值。

活动直播，广泛吸引流量关注

从来没有一种媒介形式，可以像直播这样使企业、观众、营销、活动、和交易连接得如此连贯。当直播能够附着在所有营销形式上时，企业通过直播活动来宣传自己的品牌和产品就变为了可能。企业将品牌活动搬上直播平台，可以在瞬间激发受众的兴趣，同时还能进一步增强企业与消费者之间的感情沟通。

实际上，在企业直播平台上对企业的宣传活动进行精耕细作非常符合企业的需求，直播活动必将成为企业获取在线用户流量的新来源。

现在直播的题材越来越广泛，不仅唱歌跳舞可以直播，甚至连吃饭睡觉也可以直播。对品牌而言也是如此，万事皆有可能，因此直播能够附着在所有可以引起观众兴趣的事情上，这也能带给直播营销更丰富的可能性。

2016 年 4 月 26 日，杜蕾斯借助在线直播的火热势头，招募了 100 名情侣在哔哩哔哩、乐视、斗鱼 TV 等多家网络直播平台对“百人试套”活动进行了全程直播。在长达 3 个小时的直播过程中，五十对身着白色浴袍的情侣先后进行了搬床、接受采访、做广播体操、吃水果等活动，之后又躺了 30 分钟，最终这场大张旗鼓地直播在一疑似“空气炮”的爆炸声中结束。

结果可以想见，杜蕾斯这场堪称“奇葩”的直播活动立即引发了轩然大波，有人甚至指出这是史上最负面的营销举措。但从实际效果看，杜蕾斯显然从这场“百人试套”直播活动中获得了巨大的成功。

据有关数据统计，杜蕾斯的这场直播收获了全网超过 500 万的播放量、过百万的打赏点赞和超高的在线热搜指数，直播当天关于杜蕾斯的消息直接刷爆了年轻人的朋友圈。这场活动通过直播的放大效应甚至影响到了线下，杜蕾斯一度成为坊间热议的话题。

当天马行空的创意遇到了直播，企业的营销活动便具有了话题性。50 对穿着统一的情侣，身处一间空旷的空间，并扬言要做一些事。当观众因强烈的好奇心进入直播间想一探究竟时，却发现任何“令人期待”的事都没发生。虽然这种另类的做法难免会招来观众的集体吐槽，但当千万双眼睛齐聚于同一个直播间时，企业通过直播活动制造影响力的目的就已经达到了。

“直播 + 企业 + 活动”的组合让企业在宣传过程中拥有了营销的核心竞争力，直播既让活动的过程得以充分展现，同时也让直播活动自身拥有了商业价值。成功的活动推广需要合适的平台，而直播恰恰就是最适合品牌活动对外宣传的载体。从现今的国内品牌营销的变化与直播平台自身的嬗变来看，更具差异性、更具内涵的活动内容和直播的结合将成为未来企业营销的发展趋势之一。

深度互动，充分黏住忠实粉丝

尽管当前的直播营销仍处在初步探索时期，但业内已经达成了一点共识：直播最显著的优势在于它能为用户带来更直观更形象的使用体验，甚至能够做到零距离沟通，这是其他传播形式望尘莫及的。聊天、打赏、投票等互动方式对于直播这种潜力无限的媒体形式来讲仍然只是浮于表面，它们并没有把直播实时互动的价值榨取到极致。

纵览中国目前各类品牌的直播营销模式，大部分还是局限在现场互动、老总登场、明星站台、低价促销等手法中，总是缺乏一定的思维跳跃性。“搞事情，博关注”的嫌疑更大一些，而营销战术却相对较弱，无法形成对消费者的黏性。在此情况下，将企业在直播平台上的宣传推广活动引向深入就显得很有必要了。

2015 年 4 月，知名男性护理品牌 Old Spice 在游戏直播平台 Twitch 上发起了一场特别的直播：主办方找到一个人进行了为期三天的野外生存，而他的行为彻底受观众的控制。所有观众都通过聊天可以像打游戏一样控制人物的每一步行动，然后系统会自动对所有玩家的选择进行汇总，得票最多的动作就是当事人下一步的行动。

2016 年 3 月，宜家英国和知名社交平台 Skype 联手开展了一场名为“护照挑战”的直播，首先活动当日一些用户的 Skype 界面上会出现活动通知，他们将获准参与宜家的“护照挑战”。倒计时一开始，参加者需要在 30 秒内立即找出护照，并回到镜头前手持护照合影。

能成功在 30 秒内找出护照的参与者将被宜家官方视为收纳能手，这些高手将得到一个价值超过 400 英镑的旅游大奖。而对于那些没有在限定时间内找出护照的参与者也不必丧气——宜家会为这些人赠送一个 Lekman 收纳盒。

不管是 Old Spice 直播野外生存，还是宜家英国宜家英国直播“护照挑战”，我们都可以从中看出他们的直播活动不同于一般企业直播的关键之处，那就是更深层次的互动。前者让观众成为主播的“指挥官”，而后者则直接把潜在的消费者拉进了直播间，让用户成为直播的主角。这种对企业直播大胆直接的创新无疑能够让参与其中的观众对企业的印象更加深刻，并能打消一些消费者对企业可能进行虚假宣传的疑虑，有助于企业进一步获得受众的信任。

企业之所以要通过在直播平台上和用户进行深层次的沟通

和互动，这归根到底其实是互联网在发展过程中所呈现出的两种趋势相互融合的产物。

1. 直播范围扩展

在线直播范围和层次正以令人瞠目的速度拓展，我们现在已经可以在一些诸如斗鱼、花椒、映客等大型直播平台上看到直播内容的丰富。当直播进入“泛生活化”时代，连个人的衣食住行都可以通过直播进行呈现，那么企业在直播平台上还有什么不能做的呢。所以未来的企业直播营销将不再是企业在直播间打广告那么简单，未来在直播平台上，品牌宣传与百姓生活、游戏、高科技等充分结合几乎是一个必然方向。

2. 消费体验升级

社会在进步，科技在发展，生活水平整体向好的消费者自然不会降低对消费体验的要求。因此企业想要让消费者仅仅满足于对企业产品本身的认可是远远不够的，企业产品的体验升级趋势不可阻挡。当传统的体验模式遇到了一个瓶颈，企业就必须想办法进一步从各个维度提升用户的消费体验，而通过不断翻新的直播形式，企业能够让消费者感受到产品从研发到销售最后到最后的售后服务的全套过程，在持续深入的互动中强化消费者对品牌的感性认识和理性认同。

在这两个大趋势的共同推动下，企业通过直播平台和消费者进行更为深入的互动基本上是一件不可避免的事。

当企业的直播营销进入深水区，倘若企业的宣传还局限于走马观花似的简单推广，那必然会落后于直播营销的新时代。

要想取得良好的营销效果，不仅需要企业在直播前大造声势，制造噱头，更需要在直播过程中让受众饶有趣味地参与到直播的过程中，不仅要让观众获得视觉、听觉的感官刺激，更要直击观众的心灵，目前来看直播正是满足企业这种需求的最佳手段。

然而知易行难，在过去传播途径有限，信息高度集中的年代，能俘获消费者的成功营销案例尚且少之又少，到了今天这个信息大爆炸，流量高度离散化的时代要想将观众的好感牢牢抓住更是难上加难。但是只要企业营销人员在平时注意留心观察，在直播营销过程中多做总结，总能够抓住和观众深入互动的机会。

电商营销，快速实现流量转化

作为电商，其在日常经营中间始终需要解决的核心问题就是：怎样将自己平台上的产品促销信息和优惠活动准确及时地传达给消费者并转化为购买力。

这时，在线直播就以其超高人气、超强互动性的特点成为电商平台向消费者宣传自己的首选，而直播平台庞大的用户基数与同样惊人的每日活跃用户正好成为促销信息直抵受众的关键。当现今互联网领域最为活跃同时也是最具发展潜力的两大商业模式强强联手，电商的营销模式无疑会发生更为彻底的革新。

直播营销的出现必然会直接改变的传统电商的营销模式，推动其从单纯卖产品向卖内容转型，在直播中进行现场营销，第一时间实现流量转化。如果融入一些创意，更能够使直播营销起到事半功倍的效果。

2016年6月，聚划算携其平台下六大化妆品商家登录Bilibili(简称“B站”)直播，在B站进行了一场“我就是爱妆”的角色扮演直播秀。

在这场直播中，六名美女主播亲身体验了聚划算六大化妆品商家提供的化妆品，在和观众分享自己角色扮演过程中的化妆心得时，还不忘向参与互动的观众赠送品牌礼包。整场直播吸引了数万观众热情参与，而聚划算平台下的六大化妆品商家的订单也同步暴增，订单成交总金额接近千万。

聚划算的这场直播探索出了一种现场互动营销的新玩法，成功完成了营销到成交的转变。

京东生鲜在2016年端午节期间，与知名直播平台斗鱼tv合作的“龙虾激战之夜”网络红人直播活动可以说是电商平台借助直播进行宣传促销的经典案例。

2016年6月18日前后，京东先是通过斗鱼平台举行了“直播烹饪大龙虾”的主播招募赛，3日内吸引了超过五十名主播参与到直播中，这些主播通过唱歌、相声等多种方式，向观众传达京东生鲜618的大促新闻。

紧接着在618大促活动的前夕，京东又在斗鱼TV上开展了“龙虾激战之夜”活动，其间斗鱼平台上的人气网络红人无尽、Dy 范童等五位直播达人，分别在位于北京的 798 艺术工场、望京、簋街等人气聚集地，在大排档、小吃铺等场所，全程直播麻辣小龙虾的制作过程。

美食与美女的诱惑立即吸引了海量的观众围观。在直播的全过程里，累积的观赏人数达五百万，其中个人同时网上观赏人数最高超过了二十万。不仅如此，京东方面还在直播间内中植入了更贴合实际场景和更多样的软性广告，例如京东二维码，网上购买链接等“即点即买”的购买引导，推进直播营销的变现速度。

这场直播在京东的大丰收中结束，截止直播守宫，京东生鲜的产品订单量已超往年同期六倍，实际销量更是达到了往年同期的十倍。

2016 年 6 月，天天果园首席执行官王伟在友加直播上全程直播了公司在美国樱桃园采摘 Ruby 樱桃的过程。

天天果园大费气力直播采摘的 Ruby 樱桃实际上是一种成活率很低的珍稀品种，目前世界上的 Ruby 樱桃仅产于美国的奇兰湖畔。因为品种罕见且产量极低，其种植家族对该樱桃的出口一向极为慎重。而以“水果猎人”著称的天天果园通过长期的交往终于获得了 Ruby 樱桃种植家族的信任，最终取得了 Ruby 樱桃在中国的独家销售权。Ruby 樱桃在清晨被果农采摘后，会经过一系列严苛的拣选过程，在一天半的时间内运抵国内。

王伟亲自直播采摘 Ruby 樱桃过程，首先使受众得以一睹这种神奇果品的真容，感受采摘过程的艰辛不易。更重要的一点在于公司方面要借助现在最受欢迎的直播玩法将公司优质产品的卖点宣传出去。利用观众的猎奇心理和互动感强烈的表现形式，天天果园让原本高高在上的珍稀水果通过直播的形式成功地贴近了年轻受众，打了一场漂亮的直播营销战。

从上述三个堪称直播营销的经典营销案例中我们可以发现，企业通过直播平台进行产品宣传能够实现多赢的局面。

首先，极具创意的现场直播营销方式，为广大消费群体带来了“所见即所得”的直接消费体验。观众看到主播在挑选商品，就好像自己也置身于商场中一样。通过经验丰富的主播专业的则更能激发消费者的购买冲动。

其次，企业通过广告、公关与直播的营销组合，通过在场景中植入产品信息，让网购变为了直播内容的一部分，这样不仅可以降低观众的抵触情绪，更能让观众在耳濡目染中接受企业的经营宗旨，这对提升品牌形象有很大的促进作用。

最后，现场直播营销的新尝试，可以进一步加深直播平台在观众内心多元化直播的印象，为其最终成长为综合性直播平台增添筹码。

网上的生意和现实中的许多生意相似，只要做的人一多，再加上恶性无序的竞争，马上就会成为一片见者即逃的红海。当越来越多的企业和个人加入浩浩荡荡的直播大军时，一场直播营销的革命就在所难免了。

06 企业主播如何快速涨粉

作为企业主播，必须面对的一个重要问题就是：怎样快速涨粉？

在直播营销中，粉丝具有无可替代的重要地位，粉丝的多少、粉丝的忠诚度，都直接影响产品的销量。所以在直播营销中，你必须懂得如何吸引关注，赢得青睐，黏住粉丝。

新主播如何冷启动

在直播营销的最初时期，主播要如何吸引第一批用户？

一般情况下，当主播选择好适合产品的平台，并且完成注册后，就需要面对这一问题：如何吸引更多用户来观看？

对于没有人气也没有粉丝的主播来说，可采取以下四个方法来吸引用户（如图 6-1），以完成第一次直播的冷启动。

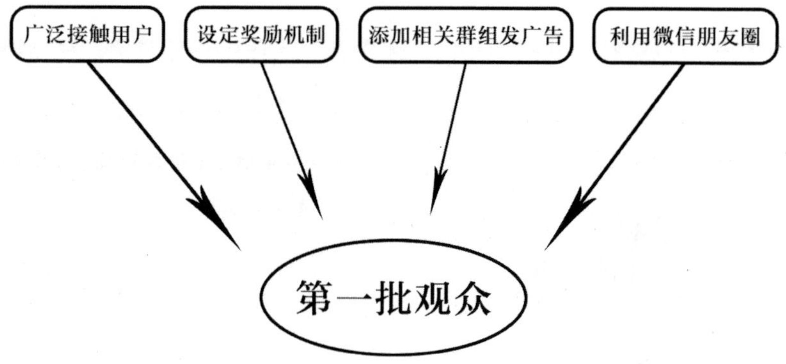

图 6-1　新主播如何冷启动

1. 广泛接触用户

在进行直播之前，需要提前在微博、微信、论坛等社交平台宣传。只要认真观察就会发现，无论是知名主播还是新主播，在进行直播之前，一般会在社交平台上做宣传。

当有用户看到这些宣传时，就会有一些人抱着好奇心去看直播。之后就要依靠主播将这些用户留下来。

没有人能随随便便吸引到成百上千万的粉丝，就算是“带货一哥”李佳琦，也是一步一步走到了今天。所以就算前期观看的用户不多，也不能气馁。

2. 设定奖励机制

刚开始做直播时，可以适当给用户一些甜头。一般情况下，用户能拿到好处，就不会轻易拒绝。但是也需要注意，好处不可以太多，如果所给的太多或者是费用占比过高，会引来很多无效用户，即观看直播却不做出购买行为的用户。

就拿才艺主播来举例。才艺主播开始首场直播时，可以准备一些生活中有趣的小礼物来吸引用户观看，譬如当观看时间达到多少分钟时，抽选几名用户赠出礼物。用户在等待礼物的时候，主播就要利用直播内容打动他。

而游戏主播可以开展诸如 LOL 抽奖送炫酷的皮肤、Dota2 抽奖送精美的饰品，或是炉石抽奖送卡包等等这些活动。

当积累了一定的用户后，还可以进行早上开直播，下午抽奖攒人数等活动，以做到进一步吸引用户观看。在抽奖的频率上，则根据自己的预算来确定。

新主播必须注意的是，无论采用哪种奖励机制，重要的不是产品本身，而是如何吸引第一批粉丝。吸引到第一批粉丝之后，就会产生固定的粉丝，便能根据后台的数据不断地更新直播方式及内容。

所以主播必须根据自身情况灵活把握奖励机制，如果通过这种方法获得了第一批粉丝，奖励机制就可以缩短；如果没有达到预期，就可以延长。但也不可以一味延长，要多寻找没有吸引到粉丝的原因。

3. 添加相关群组发广告

每个类目都会有各种群，比如美妆类有美妆群，饰品类有饰品群。新主播可以搜索相关的QQ群，加入后发一些自己的广告，也可以直接建一个属于自己的群。微信群则可以通过与人交换、互相拉对方进群的方式，迅速进入很多大群。

对于这些群，你可以逐步提纯：退掉一些关联度不大的群，以腾出容量加更多关联度大的群。

4. 利用微信朋友圈

现在越来越多人的朋友圈成为营销平台，合理利用微信朋友圈，能够收到不一样的效果。企业新主播除了自己要在朋友圈进行朋友间的第一轮营销，还需要发动企业全体人员加入朋友圈营销之中。

运用以上方式俘获粉丝后，那么就成功地迈出了第一步。但是要明白，距离真正直播营销的成功还有相当大的距离，拥有第一批粉丝只能证明直播事业的开始。要想在直播营销的行业中发展起来，还要稳扎稳打，走好每一步。在这个时候，如果对于第一批粉丝的培养没有做到位，之后的直播营销之路必然也会受到影响。

选择合适的话题

至少有以下 11 个话题，适合作为直播中的话题。

1. 最新的八卦新闻

看直播的主要是年轻人，而年轻人好奇心强，普遍比较喜欢八卦，所以从八卦新闻入手最容易。主播可以跟观众谈谈例如 ××× 明星离婚案、××× 明星最近的言论等全民关注的娱乐圈话题，这样很容易引起大家的共鸣，而且还有新鲜感。

需要注意的是，涉及政治、宗教的新闻，千万不要去“八卦”。对于悲剧类的新闻，也要保持客观公正，不可为了流量而“带节奏”“吃人血馒头”。

2. 感情经历

网络主播可以跟观众聊自己的恋爱经历，故事越离奇越跌宕起伏越好，这样一方面会让观众对你产生好奇心，愿意听你把故事讲下去，另一方面也会跟你产生情感共鸣，增加对你的认同。

不过对于大多数主播来说，恋爱经历实在是没有什么可谈的。对这一点广大主播不用担心，你可以参照媒体中的情节去编故事，也可以找他人去编一些故事。现如今，网络包装已经发展成一个行业了，行业内部的分工也很成熟细化，主播有需要，自然会有专业的编剧提供故事。例如你曾经喜欢一个人喜欢得死去活来，而后来谁又辜负了谁等等，夸张点也可以。

如果聊到被情所伤，观众感觉到了悲伤的气氛，这时作为主播的你再带着情绪唱一首伤感的歌，喜欢你的观众也会受到情感的触动，自然就会鼓励你，为你加油打气。这样一来，很容易“路转粉”“粉赚铁粉”。

3. 成长经历

主播可以谈谈自己小时候的故事，例如你和父母的感情、你在上学时的经历、你毕业之后在社会上的打拼的过程，等等，谈这些也很容易让观众感同身受。当观众的情绪受到你的感染时你就可以进一步和粉丝互动，比如你可以反过来劝粉丝，鼓励他们要坚强，要乐观。

4. 谈歌曲

爱说爱唱是时下年轻人普遍的天性，在直播过程中，伴着背景音乐你可以谈谈自己对音乐的理解，比如你为什么喜欢这首歌、自己喜欢的歌星、自己喜欢的音乐风格，等等，还可以问问粉丝他们喜欢的曲目。

5. 脑筋急转弯

脑筋急转弯是很多人小时候经常玩的游戏，不仅有问有答，而且答案往往还天马行空，所以，这类的话题也是不错的选择。

6. 穿着

人靠衣装马靠鞍，穿着是人每天都要做的事情。作为网络主播，你可以先从自己直播时的穿着讲起，谈谈自己今天为什么要选择这身衣服，进而讲讲自己喜欢什么衣服，最后问一下观众的衣着品味。这样不仅与观众有话题可聊，还能顺便问出观众或是粉丝的喜好，以后你在直播时穿着也就可以更有针对性。

7. 游戏

网游是时下年轻人的一个兴趣点，尤其是男青年，几乎没有不爱玩游戏的。跟年轻的观众聊聊彼此喜欢的游戏，能迅速激发对方的兴趣，拉近彼此的距离。

8. 美食

中国人是一个讲究吃的民族。看各式“吃播”以及美食博主那么火，就知道美食绝对是一个大家都喜欢的话题。在直播过程中，你可以谈谈自己平时最爱吃什么、吃饭是自己做还是喜欢在外面吃，抑或最近刚听说的某家味道不错的餐馆，拿出来跟粉丝分享，最后别忘了问问大家都喜欢什么美食，相信很容易找到共同语言。

9. 工作

主播和观众因为屏幕相隔，所以不能了解到彼此，但如果主播能主动问及观众的职业，就会带给观众一种被关心的感觉，对主播敞开心扉，从而让观众主动跟你说话。

在这个过程中主播可以引导观众把自己的工作经历向主播倾诉，如果观众在工作中遇到什么趣事说出来大家一起欢笑。如果观众在工作中遇到了什么烦恼也让观众讲出来，作为主播可以提出建议。这样主播既达到了沟通交流的目的，同时还能更好地了解自己的粉丝。

10. 影视作品

经典的或最新的电影、电视剧、动漫这是属于多数人都关注的话题，谈这些话题很容易找到共同语言，主播可以跟观众谈谈最近大热的电视剧，聊聊自己最喜欢剧中的哪些角色，也可以跟观众谈谈自己喜欢的明星以及他们的作品。

11. 旅游

世界这么大，我要去看看。出门旅行也是时下年轻人喜爱的休闲方式。主播可以跟观众谈一谈自己最近去过什么地方、梦想是去哪里、最近某城市发生了什么大事，等等。尤其是旅游目的地，也许观众就在你旅游过的城市，也许观众也和你一样向往某个景点。这样一来主播个人的话题就可以转变为主播和观众共同的话题，沟通起来也就游刃有余了。

最后需要指出的是，选择话题要注意三点：

一是尽可能选跟自己的直播风格一致的话题，比如主播是甜美可爱风格的，就可以挑选些可爱的舞蹈、游戏，等等。

二是对于自己不太懂的话题，要预先做好功课。

三是三天内不要重复地讲同一话题。每次直播前应先准备好这次直播要聊的话题，不能临时抱佛脚。

与观众愉快互动

在直播过程中，主播要时时让观众感受“存在感”“参与感”，应当把努力调动他们的主观能动性积极参与。

如果主播和观众能有良好的沟通，成为相谈甚欢的朋友，访客自然会采取积极热情的合作态度。反之，若主播和访客缺乏交流沟通，让观众感觉彼此形同陌路，那恐怕就会造成“一日游”的尴尬了。如果你不知道如何与观众互动，可以试试从以下 5 点入手（如图 6-2）。

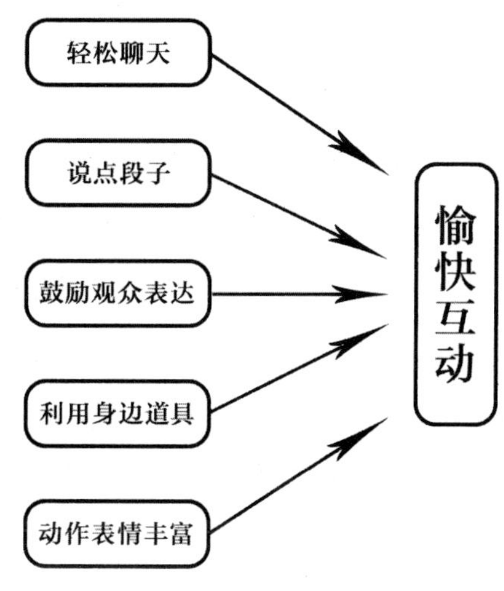

图 6-2　与观众愉快互动的方法

1. 轻松聊天

并不需要谈多么有“意义”的事情，你完全可以多谈一些生活中的鸡毛蒜皮，这样反而容易拉近你和粉丝的心理距离。比如你最近去哪里逛街了或是去哪旅游了，途中遇到了什么有意思的事情。又比如最近网购的时候又看上了哪款自己很中意的包包和裙子，以及很搞笑的买家秀和卖家秀。

无论什么样的观众，都希望主播注意到自己的存在，只要你跟某个粉丝说话，即使是看似简单的问候，那这个粉丝也会很兴奋。所以，一定要跟进入自己房间的观众打招呼，尽可能回复粉丝们在公屏说的每一句话。假如粉丝太过热情，实在不能做到一一回复，也应当及时说明原因。

2. 说点段子

很多主播戏称自己是靠说段子在平台上活跃着的，但是做主播不能只说段子，段子是添加剂，时不时加进一些，会让直播饶有趣味，但是绝不能泛滥。说段子时，主播要把自己当作段子中的主人公，带着感情讲，给观众一种仿佛故事中的情节就是主播自己亲身经历过的一样，这样才会有感染力，观众才会发自心底笑出声来。当然，经常把粉丝的名字添加进段子中也会增添很多乐趣，观众也会乐此不疲。

3. 鼓励观众表达

调动气氛有技巧，比如可以用一些很提神的话，或者用唱歌等才艺让观众动起来。在这一定要注意，千万不要自顾自地唱完说完就把观众放在一边不管，因为这样很容易引起访客的反感情绪，正确的做法是主播在表演完后主动邀请访客进行点评。

因为直播是由主播和观众双方共同参与的活动，不是主播自行其道的肆意狂欢。表演者只管自嗨，却无视观众的感受。观众怎么会表演者产生好感呢？多听听访客的点评，一方面可以借他人之口了解自身，知道自己的优点和不足，哪些方面观众喜闻乐见，哪些方面还有瑕疵需要改正，进而提升自己。

另外一方面，主播作为一个倾听者能让观众说出自己的意见，会让观众在心理上有一种做主人翁，被你重视的感觉。这种感觉会使他在心里把你跟一般的主播区分开来，你重视观众，观众自然重视你。有哪个人不希望自己是人群中的焦点呢，哪怕只是几秒钟内的焦点，你让我开心了，我就喜欢你，就这样简单。下次当这些观众看直播时，还会关注你。

长此以往，观众自然就会由你的访客慢慢变成你的粉丝，甚至成为敢于为你一掷千金的“土豪”，这时直播营销的目的自然也就达到了。

4. 利用身边道具

跟观众互动时可以利用身边的一切物体，在直播过程中你可以时而拿出一个苹果、时而拿出一个锤子、时而拿出一本书，还有主播到了饭点直接拿起碗筷吃饭。注意这时一定要拿捏好分寸。还有一种主播，每天穿的都是不同风格的衣服，时而天真可爱，时而冷酷帅气，让粉丝们每天都不自觉地猜测自己中意的主播今天会以什么形象出场。

5. 表情动作丰富

实际上，很多新手在直播时很容易犯的错的就是：神情动作单一而不够多样，这是许多主播无法获得较高人气的重要原因。

只有让表情动作都丰富起来，才能更好地调动观众的情绪，也让观众更好地感知你想传达的信息。

看过李佳琦直播的观众都知道，他在直播的过程中表情动作都是非常丰富的，当陶醉的表情配合着一声声“amazing”“我的妈呀，这样太好用了吧”，总是让观众争先恐后下单购买。

总而言之，主播和观众现实中相距万里之遥，而直播间则在网络中为二者搭建起一座交流互动的重要桥梁。主播既要做到把握好现场气氛，又要努力加强和观众的沟通，让每一名观众都参与到直播中。

一场成功而又精彩的直播，跟观众的互动是一个非常重要的方面。很多当红主播跟观众的互动时间，甚至要占去他们绝大部分的直播时间。但这丝毫不影响他们的超高人气，所以对于主播这个群体来讲，必须要记住的一点就是主播中的高手，一定也是能和观众互动的高手。

语言要有个性

主播必须有自己鲜明的个性，而打造个性可以从语言风格入手，比如李佳琦的“我的妈呀！”“oh，my god！”“这个颜色也太好看了吧！”“答应我，买它！”“高级！”，还有某美食主播的“放入 66 粒盐”“屈（出）锅啦”。

当主播有了个性化很强的语言，就拥有了清晰的辨识度以及病毒式的传播度。他的语言被人喜欢，被人模仿，被人传播。

主播设计自己的个性化语言，可以从以下 4 个方面去打磨（如图 6-3）。

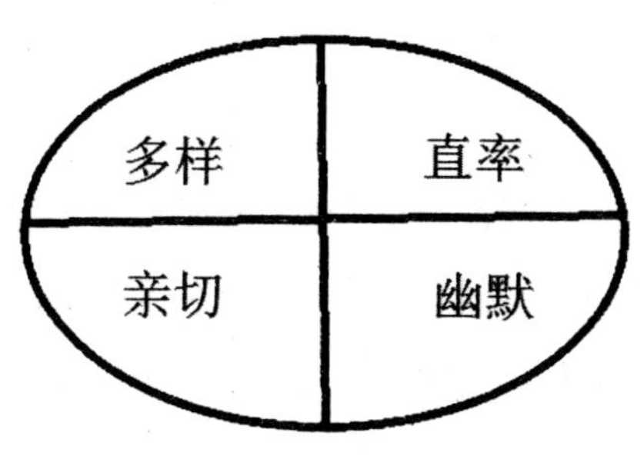

图 6-3 主播的语言设计

1. 多样

网络直播和一般的电视广播等娱乐形式不同，相较于这类传统媒体，网络直播在语言上没有非常严格的要求。并且网络直播本身有具有一定的娱乐属性，所以在就要显得灵活多变一些。

也有主播为了体现出多样性，会抛弃普通话，转而使用方言进行直播。因为方言具备特别的感觉和独特的音调，并且还能带给观众普通话所没有的亲切感和归属感。所以在有的直播中，主播使用方言和自己的粉丝交流，并且还取得了非常好的效果。

就多样性这一点，我们以最近几年大火的热门主播 MC 高迪来举例。

高迪来自吉林松原。在 2015 年 10 月 1 日，他发行了自己的单曲《一人我饮酒醉》。在这首歌曲中，高迪说着一口粗犷而又细腻、质朴却又充满灵气、简洁却不留余地的东北腔。听起来既亲切又朗朗上口。后来这首歌迅速火遍大江南北，一时传唱各地。

不仅仅是东北话，四川话、广东话、山东话等均有地方特色的方言都能成为主播的语言来源，甚至是外语。在进行网络直播时，完全没有必要拘泥于某一种语言，完全可以根据自己的特色说充满张力和情趣的话语。这样做不仅能把观众和主播之间的距离拉近，还能因为具有某种特色而吸引更多的粉丝。

2. 直率

主播在进行网络直播时，一定要直率一些。网络直播与现实生活不一样，在网络上，大家更喜欢直率的人，如果主播委婉地说话，反而会更让粉丝反感。但是如果直率一些，粉丝会认为这个主播不虚伪做作，反而更容易被粉丝接受。

很多人观看网络直播就是为了放松精神，在平日的工作生活中，大家讲话都会有所保留，周围的人说话也会给自己留有余地，如果在观看直播时，主播也这样讲话，那么不仅不能让人放松精神，反而还会让人精神紧绷。所以在直播时，一是需要有话直说，二是表意明确。

这一点依然要用口红一哥李佳琦来举例。李佳琦在进行一次直播时，讲到涂口红的方式时，说起自己当柜哥时的一些经历。他说有的女生涂口红之前总喜欢舔舔嘴巴，像羊一样。虽然也有不少女生觉得他说的“像羊一样”冒犯到自己了，但有更多的女生觉得自己就是这样。如果是在现实生活中说这样的话，那么对方肯定会生气，而在网络直播中，不仅不会生气，还会觉得形容得很贴切。

所以主播在与粉丝互动时，一定要纯朴自然地表达自己的观点，不要拐弯抹角地说。这样能轻易地拉近与粉丝之间的距离，并且这样的主播也能受到更多粉丝的喜爱。

3. 亲切

在进行网络直播时，主播不用像电视台节目主持人那样正襟危坐，而是需要把观众当成朋友，把直播当成大家坐在一起轻松地聊天。

在讲话的时候，也可以先从自身讲起，说一说当天遇见的有趣的事情，或者是讲一讲自己觉得有意思的事情，让用户感觉到屏幕里的是活生生的人，而且要让他们有发出评论的冲动。当用户一旦发出评论，主播就可以根据评论和用户展开聊天，也可以通过这了解他们的想法。

做网络直播且不可有高高在上的态度，也不可以把自己当成导购一般，而要像朋友一样，聊天时谦逊中肯，推荐产品时态度和善。甚至也可以和消费者聊一聊生活中的一些经历和想法，进行接地气、生活化的互动。

4. 幽默

幽默是主播成长道路上的必修课。在现在的网络主播中，或多或少都有幽默因子，有的甚至是幽默高手。对于主播而言，幽默不仅仅是获得好人缘的优质条件，还是缓和气氛、化解尴尬的必要手段。

做主播一定要学会自嘲，这就跟做演员一样，适当自嘲不仅能化解尴尬，还能增加趣味性。在这里我们就以黄渤来举例。黄渤参加《康熙来了》时，小s对黄渤说：“你长得很特殊诶。”黄渤笑着回答：“一开始长得还挺委婉，后来就越来越抽象了。”在现实生活中，如果有人像小s这样说，气氛一定会很尴尬，但黄渤以机智的自嘲化解了尴尬的气氛。

在进行直播时，也会有用户对主播开启攻击模式，这个时候，适当的自嘲不仅能显示主播的人品，化解尴尬，还能增加粉丝对主播的亲近感。

如果观众只是跟主播开玩笑，主播也可以顺势调侃观众，但需要注意的是，调侃也需要把握好尺寸，玩笑开大就会起反作用。所以当观众开主播玩笑时，主播要学会以幽默的方式化解，但主播不可以过分开观众的玩笑，否则就是得不偿失了。就像黄渤一样，如果他也开小s的玩笑，那么势必就会让人觉得这个人的人品不好了。

有这样一句俗话：“一句话能把人说笑，一句话也能把人说哭。”从这句俗话中我们就可以看出语言对人的影响有多大。主播要想得到观众的喜爱，就要把观众“说笑”。

看似不难，但也有难度，毕竟主播不是直接面对人，中间还隔着屏幕，无法直接察觉对方的心情，所以主播更需要提前做好准备，要了解粉丝的喜好，也要了解粉丝近期关注的“梗”，以及热点。只有知道了这些，才能抛出能被观众接受的话题，增加双方的互动。

对于在镜头前表演的主播来说，语言的重要性不言而喻，语言经过口头传播，在达到观众时，他们会产生什么样的想法主播完全不知道。这也使得主播更加注重对自己语言能力的培养。唯有自己对语言的使用变得越来越凝练、随意，才能为后续的直播营销奠定良好的基础。但是有一点需要注意，主播在培养自己的语言能力时，也要根据自己的发展内向，进行定向性的培养，切不可看谁有趣就学习谁。

07 常见的 5 种直播营销行业解析

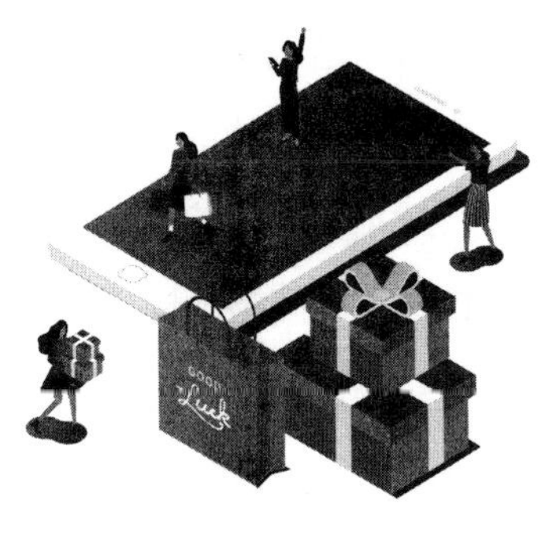

在如今这个营销为王的时代，高额的获客成本一直是困扰企业的一大难题：从烧钱抢人大战到斥巨资请明星代言，再到节日大促，传统“血本营销”方式使企业面临着巨大的经济压力，直播营销在这样的情况下应运而生，其凭借成本低、转化率高等优势迅速成为各大企业争抢的战场。无直播，不营销，直播营销的诞生，拉开了企业低成本获客时代的帷幕。

旅游直播，打造身临其境的感官体验

对于正处于转型升级关键期的旅游行业而言，在线直播的出现毫无悬念地成为一种极具变革意味的一种营销方式。途牛、同程、携程、去哪儿网等在线旅游巨头切入直播的大动作，在整个旅游产业转向网络化的大背景下仅是冰山一角。

直播和旅游的融合，体现出旅游行业作为一种“轻经济”形式灵活、能够与时俱进的一面。当直播技术的日益成熟，当直播的层次越来越深入地向垂直领域渗透，“旅游 + 直播”将作为一种全新的流行推广方式，在未来获得更大的发展前景。

放眼今日的旅游产业，我们可以看到已有很多企业为了自身的生存和发展，纷纷开始了旅游直播化的尝试，这无疑是网络对线下流行体验真实反馈的进一步升级，而网络直播特有的灵活性也令旅游企业在营销方面的边界得以持续拓宽。虽然目前和旅游有关的直播节目在整个旅游行业营销内容中所占的比重仍然不大，但仅凭直播平台所拥有的海量消费群体和多样化的传播方式上，我们就可以看出其巨大的发展潜力。这从下列案例中可以得到印证：

2016 年 8 月，纷享世界和优酷正式确立战略合作关系，未来双方会在直播、旅游等细分市场进行深入合作，由双方共同制作的全网第一档旅游直播节目已开展前期策划工作并将会在年内正式上线。

纷享世界实际上是澳达控股集团旗下位于北京的子公司，公司的业务主要专注于定制旅游的网上预定。通过“1+1”的专业旅行策划，力图建立一个以“深层次体验”与“私人化定制”为中心的针对千家万户的智能化定制旅行平台。结合网络技术，纷享世界能够满足各类家庭在旅行过程中对于景区、机票、美食、演出、车辆等方面的私人定制化需求，并具备旅游产品网上预订“一条龙”支付功能。

纷享世界这次和优酷合作将借助后者的传播效应向全体大众传传递休闲度假的意识，让人们在欣赏优质直播节目的中发现外界的美好并激发群众对休闲度假的热情，让更多的国人对旅游产生兴趣。此次双方的合作在澳达控股集团总裁、纷享世界首席执行官范应龙看来，

纷享世界和优酷携手，可以将彼此强大的传播力和专业的运营团队结合起来，在实现资源互通的同时，也能实现优势地互补。在直播平台进行旅游推广是澳达控股“改变中国人旅游度假观念”愿景的又一次有益探索，双方强强联合可以为群众的外出度假搭建一个更优质、同时也是更广阔的自我展示分享平台。

此次合作也为优酷方面打造旅游直播节目奠定了坚实的基础，不仅如此，借助纷享世界的高水平服务优酷也能为观众们提供优质的观看体验，有助于增强观众和优酷之间的黏性。此次合作将会产生良好的宣传效应，为纷享世界塑造更好的品牌形象，有助于吸引旅行达人和潜在消费群体的关注。

旅游的价值不应该仅仅只停留在“白天看庙，晚上睡觉”的景区当中，光靠门票和景区消费的盈利方式明显不可取，在实地游览中盈利不应成为旅游企业盈利的唯一渠道，这也是当今旅游业界新进达成的共识。

我们很难想象一家从事旅游业务的企业，一直墨守一种商业模式能够走多远，而直播平台和旅游线路、景区相结合，可以起到惊人的推广营销作用。此外，景区、旅行社等旅游业利益攸关方可以利用直播平台多样的内容展现形式，通过直播提升游客对旅游线路的感性认识，进而带动网上销售以实现旅游类企业网上流量变现的新模式。从上述案例中，我们已经看出了现在已有一部分旅游品牌正在向旅游直播领域积极探索，这种大胆地尝试也为“旅游 + 直播”模式的发展树立了榜样。

直播是目前中国传媒市场中最具发展潜力的媒体形式，不仅坐拥着时下最先进的视频技术，而且已经出现了在广大网民群体颇具品牌影响力的直播平台。在这些直播平台上，活跃着当今中国最活跃的潜在消费群体，而旅游产业经过近 40 年的发展，也进入了要进行“旅游大消费”的专业化、深层次转型阶段。旅游业与直播平台的合作是推进前者消费体验升级战略的重要措施。当越来越多的优质旅行资讯集中于直播平台时，直播就将取代传统的平面媒体成为旅游营销的主流，未来已至，大戏刚刚开始。

网络红人所带来的粉丝集聚效应已经伴随着中国在线直播的火爆蔓延到了旅游行业，虽然现在旅游直播刚刚发轫，但未来必将风头无两。不过，作为时下一种全新的旅游营销模式，旅游直播所暴露出的不足也引起了业界的关注，但有一点是毋庸置疑的：旅游直播不会“昙花一现”，而会在不断的探索和试错中不断走向成熟。

伴随各类企业和品牌商纷纷试水直播营销，现在谈到直播，人们的印象早已不再只是形形色色的“网络红人”。而旅游和直播共同的休闲属性让二者似乎天生就具备了合作的可能，和传统的营销方式相比，直播营销更容易激发游客的共鸣。相信随着旅行直播越来越多地成为人们关注的焦点，直播也会像当年火热的微博、微信那样，成为旅游行业对外展示旅游产品的一个重要窗口。

中国消费者对旅游产品需求正在持续升级，传统的“价格战”已经不能获得眼光日益挑剔的游客的认可，设计巧妙的旅游度假路线、优质的酒店和出行服务，将成为消费者选择旅游产品的主导因素。而旅游直播的模式恰好能够让观众感同身受，主播们在户外的亲临现场的反馈带给了观众真实的视觉体验，而直播的不可剪辑性又让旅游企业在直播中的形象显得更为真实可信。可以说，“靠谱”是观众认可旅游直播的首要因素。

直播帮助旅游业解决了长期以来一直苦恼的如何获得消费者信任的问题。那么，除了真实直观，旅游直播还通过那些方面促进了旅游业的发展呢，下面我们就结合两个案例进行一番梳理。

1. 旅游直播提升旅游业发展的经典案例

（1）九寨沟、青城山－都江堰进行世界首场景观直播

2016年2月28日，九寨沟、青城山－都江堰进行了世界首场景观直播活动，将景点的绚丽景色以直播方式展现，进而对游览体验方式加以创新，完成网络何时将的多层次互动。这场景观直播将以九寨沟、青城山－都江堰景区的官微作为主要载体，并实时连线“B站”、

熊猫TV、虎牙直播等在线直播平台开展全网同步直播。

这场直播用在线直播的形式展现景点的美景，实际上为旅游景点的智能化建设找到了突破口。直播不光为广大观众提供了无须出门就能观赏两个景点初春景观的机会，而且还首次以深层次、多角度的形式展示了即便置身其中也不见得能一睹真容的壮美景色。

直播活动一共吸引了超过18万名观众在线观看，如花似锦的美景加上新颖的观看体验让两个景区受到了观众的一致好评，观众纷纷在评论区留言，表达自己对景点风光旖旎景色的赞美和对前往景区游玩的向往。

九寨沟、青城山－都江堰两个景区利用在线直播的方式宣传自然景观的举动是人们景区“走出去”“网络化”的第一步，同时也为更多热爱九寨沟、青城山－都江堰景区的群众提供了一种全新的游览模式。

如果说九寨沟、青城山－都江堰联合开展的直播活动打出了全球景观直播的第一枪，那么龙门石窟专业直播平台的上线

则开创了中国景区“慢直播”的先河。

（2）国内第一个景区慢直播平台龙门石窟上线

2016 年 7 月 15 日，国内第一家慢直播平台正式登录龙门石窟官网。即日起，不管你身处何地，无须出门、更无须买票，仅需一台手机，你就能够在龙门石窟慢直播平台全天候欣赏石窟美景。

有别于人们印象中短则几十秒，长则数小时的普通直播，慢直播采用的是将高清镜头安置在景区中的重点角落，二十四小时连续放送的长期陪伴式直播。再慢直播平台，“游客”们不必粗枝大叶地观看，唯一要做的就是放松身心，细细品味美景。这大大方便了那些旅游时间有限却又想深入体验龙门石窟魅力的游客：拿着手机，打开 App 你就可以足不出户地欣赏四季龙门的山光秀色。

从实际反馈中也可以看出此次龙门石窟进行慢直播起到的良好的效果，本次直播龙门石窟方面仅开放了龙门桥和西山石窟两处游览区。但在开播的第一个月，已有超过四万人通过慢直播平台参观了龙门石窟的风景。根据后台统计，在慢直播全天的直播过程中，在深夜三点还有观众在线观看，从中可见其受欢迎程度。

龙门石窟慢直播平台的开通，在国内旅游景区中还属首例。但是在移动互联发展的大趋势下，未来直播引领旅游行业宣传新风尚将成为不可阻挡的潮流。

上述案例中的两个景区虽然身处一南一北两个自然人文差

别极大的区域，但在对外宣传中却不约而同的采用了旅游直播的推广方式。事实证明直播平台的接入，确实为这两个景区创造了良好的社会反响和可观的经济利益。旅游的本质在于审美和娱乐，而“旅游 + 直播”的营销模式正好抓住了这两个本质：观众在充满代入感的观看过程中，不仅得到了美的享受，而且还收获了快乐。

2. 旅游直播对旅游行业发展的促进作用

“旅游 + 直播”的推广模式将两种天生具有强大体验性的娱乐模式结合在了一起，在激发了很多潜在旅游客户的好奇心，也为旅游行业的发展带来了新的支撑。从上述两个典型案例中，我们可以发现旅游直播对旅游业的促进作用至少有五个方面（如图 7-1）。

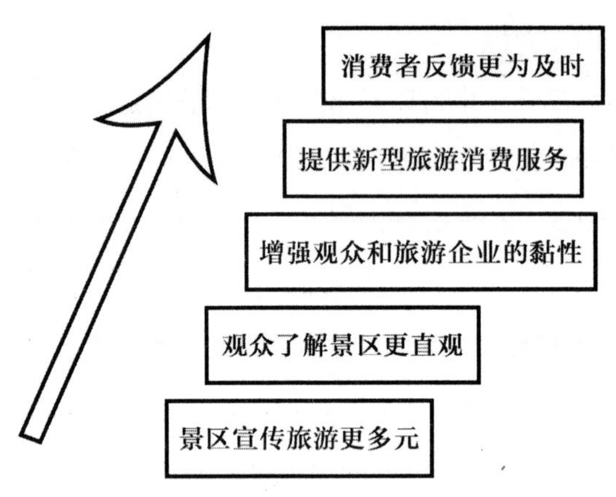

图 7-1　旅游直播对旅游的促进

（1）景区宣传旅游更多元

直播具有的草根属性让旅游宣传的门槛大大降低——旅游

宣传再也不是景区名人和明星大腕的特权，只要是你热爱旅游、喜欢分享，人人都可以在直播平台上成为景区的“宣传推广大使”。

（2）观众了解景区更直观

直播的“实时性”使观众有了宛如身临其境的真实体验，直播过程中不可预测的各种意外会促使观众产生要亲自前往一探究竟的“悸动”。

（3）增强观众和旅游企业的黏性

直播的“互动性”让观众和旅行社、景区等旅游企业的直接沟通成为可能，旅游企业可以在直播中表达自己的想法，观众也可以提出建议，这对消除误会，增进游客对景区的感情具有积极作用。

（4）提供新型旅游消费服务

“旅游 + 直播”不仅是一种新型的营销模式，而且还能衍生出全新的消费体验。景区可以通过直播卖纪念品、打赏等形式就可以在无须观众亲自到访的情况下实现盈利。

（5）消费者反馈更为及时

旅游直播和平面媒体、电视等旅游宣传渠道最显著的区别是，它能更快地让旅游企业得到观众的即时反馈。这不仅有助于旅游企业及时调整营销策略，而且还能大大提高旅游企业的变现效率。

在互联网飞速发展的今天，网络媒介对人们出行的影响越来越明显，而在线直播的形式，则能使消费者在欣赏内容的过程中不知不觉地接触到旅游行业的宣传信息，继而产生旅行的愿望。这对于普遍需要自我突破的旅游行业来说无疑是一条值得尝试的路径。

金融直播，资本风口下的吸金大法

一面是越来越多的金融企业积极拓展全新的营销方式，一面是直播产业愈来愈深层次的像垂直细分领域延伸，当双方的努力汇聚于一处，金融直播这种全新的营销方式就诞生了。当直播间的主播从浓妆艳抹的美女网络红人变成了正襟危坐的财经专家，直播就开始向更具实质性的方向发展。目前已有一些思维活跃、风格大胆的金融机构为招徕客户，开始利用金融直播、网络红人宣传等方式推销金融产品。当金融也参与到了“直播 +”的新游戏中时，直播又能为传统的金融业带来什么新变化呢？

事实上，金融产品的内容自身就具有较强的可直播性，金融与直播结合的历史也比较“久远”。早在专业金融直播平台问世之前，在各类金融主体如券商、财经媒体上就已经出现了少量视频直播节目，电视直播是彼时最普遍的金融直播内容播出途径，例如对于很多股民朋友都耳熟能详的央视财经频道王牌财经直播栏目《交易时间》。而真正让业界认识到网络直播也可以和金融完美结合的是中国平安和微吼直播一系列的直播实践。

平安集团作为保险行业最重视产品营销方式创新的企业，一直都对直播这种宣传方式情有独钟。自 2015 年起，平安先是把车险用户见面会、平安用户新产品发布会等活动放在了直播平台进行直播，利用新媒体扩大产品影响力。接着又在 2016 年“818 财经网络红人节”期间，第一次将平安集团的中报业绩发布会以网络红人直播的方式加以呈现，在整个发布会直播的过程中，平安方面力邀华夏时报总编辑、知名金融专家水皮和人气女主播吴成香搭档做主播，专家和美女的新奇组合吸引了大批观众观看、参与互动。

如果说平安集团是从金融企业的营销需求出发，进行了金融直播的一系列尝试，那么微吼直播则从直播的角度，对金融直播的营销模式进行了专业细化。

作为国内较早出现的专门针对“B 端”客户的直播平台，微吼直播同样是金融直播的先行先试者。早在 2015 年 11 月，微吼直播就正式发布了“金融直播间”，意图为金融企业和及财经主播提供直播所需的整体式技术支撑。作为金融直播服务市场的元老，微吼直播在短短的几年时间里已和齐鲁证券、乐视财经、国泰基金、今日财富集团等行业领军企业进行了金融直播方面的合作。在为广大金融企量身定制直播节目的过程中，微吼的直播业务得到了壮大。而很多金融机构更是通过微吼这个专业的直播平台推动了产品的对外营销活动，优化了金融产品的布局。

上述两个案例分别从金融企业的角度和直播企业的角度阐

释了金融直播这种金融产品营销的新玩法。事实上，在资本的风口上一飞冲天的直播不仅深受时下年轻男女的喜爱，自带传播优势的直播同样是金融企业眼中的“香饽饽”。对于金融这种专业性极强的行业来说，通过直播进行自身内容更新和产品营销模式变革的大门早已开启。

1. 金融直播兴起的原因

金融直播兴起不仅仅是为直播平台增加了一项直播内容，其产生的影响实际上已经扩展到了企业、客户等所有金融行为的参与者中。

（1）为投资者提供更及时的消息

股票、期货等金融产品的信息随时随地都在变动，所以这些金融细分领域对时效性的要求极高。而通过金融直播，世界各地的金融产品投资者都能在第一时间取得自己买入的金融产品的相关信息，直播可以实现财经信息同步性与及时性的完美结合。另外，金融直播还可以在风险即将到来之前及时为客户做出预警，从而避免不必要的损失。灵活、及时的操作建议穿达效果对瞬息万变的金融市场有着不言而喻的意义。

（2）传播内容的多样化

相较于常见秀场直播单一的呈现功能，金融网络直播可以根据投资者的需求，在实现高清流畅画面的基础上，设计并提供更丰富、同时也是更具特色的功能。例如录播回放、K 线图演示、在线问答、数据实时汇总、电脑自动生成操作建议等。这样不仅可以使专家的操作建议得到更为及时的贯彻，提高投资者的操作效率。清晰直观的视频画面还能够实现线上客户和现场专家的实时沟通，瞬间消除了场内和场外的隔阂，有利于形成一个对于金融投资者至关重要的金融情报高效率传达的空间，这一切都离不开直播固有的技术优势。

（3）给财经达人提供个人宣传渠道

金融在线直播为“财经达人”开辟了一条快速获得拥趸的通道。不管是一些个人风格鲜明的金融专家，如吴晓波、马光远，或是在某些特定金融领域拥有优秀业绩和独到见解的民间投资者，如徐小平、花荣等都可以利用直播进一步增加社会知名度和关注度。利用直播这一新颖、实时、双向的传播方式，任何经验丰富的财经达人都能够和投资者、粉丝实现无缝互动。

从目前的市场反应来看，金融市场已经通过一系列成功的案例对金融直播这种新“玩法”给予了高度评价。在线直播不仅能做到金融机构和投资者之间最彻底的沟通，而且还能直观地获得客户的反馈和互动。随着这种玩法的花样更新和不断深入，金融直播必将引领未来金融行业宣传营销的风潮走向。

随着社会整体认知水平的不断提高，很多手有闲钱的人开始意识到了理财的重要性，但由于相关财经知识的欠缺，再加上对变幻莫测的金融市场不甚了解，很多本来有理财想法的人最终只能面对着金融市场望而却步，最终打了退堂鼓。而在线直播无疑能够改变这种无奈，直播所具备的实时性和互动性，消除了金融机构和投资者之间的信息不对称。

在直播中，投资者在充分了解金融产品的基础上对于金融投资能够做到心中有数。与此同时，各类金融企业利用移动直播，特别是专家直播，可以吸引到更多的投资者，增加自己的用户规模。可以说，无论是从企业的角度看还是从投资者的角度看，金融直播无疑都具有极大的发展潜力。

西装革履、不够言笑的金融界和热闹非凡的直播圈看似是八竿子打不着的两个领域。但当平日里只能在财经媒体和网站上才能看见的财经大咖出现在直播间，并正儿八经地为投资者提供金融服务时，金融直播便具备了其存在的合理性。

2. 金融直播前景巨大

实际上，未来的金融直播绝对不会止步于目前在金融营销市场中的这一亩三分地，在内在逻辑的驱使下，“金融 + 直播”还会继续向着多维度、深层次的方向全面发展。

金融直播的前景之所以如此巨大，原因主要有四点（如图 7-2）。

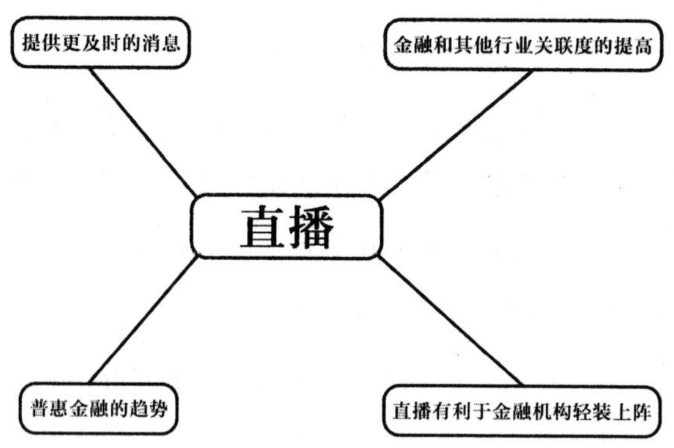

图 7-2　直播 + 金融的利好

（1）直播能带给投资者最直观的信息

从人的本能角度来看，人们天生对看得清、够得着的具体事物怀有信任。而对于一些高级的、复杂的、抽象的事物，如果没有一个具体的物件做载体，那就很难获得真正的认知，更不能轻易信任。而金融恰恰是一种比较抽象的、很难进行具体描述的东西，所以长期以来人们对金融行业往往是一知半解，很难知悉全貌。这也阻碍了金融产品的销售。

而金融直播作为现在最接近面对面沟通的互动方式，可以首先在感性上带给投资者极大的安全感。同时还能使投资者和金融专业人士得以更深入地交流。在直播间中，所有人都可以畅所欲言、各抒已见，在讨论中任何一方都能够便捷地获取自己想要的内容。

不仅如此，直播的直观性使观众对金融企业的现状一览无余，这样可以让一部分优秀的企业获得投资者的支持和信任，有利于整个行业的优胜劣汰。

（2）普惠金融的趋势

从现在人们的日常生活就可以看出，金融行业已经成为和每一名个体都息息相关的东西，而每一名个体同样需要通过保险、银行等金融企业的服务增加自己生活的福祉。

“金融 + 直播”的模式打破了关键金融信息只在专家和机构、大户等专业投资人之间流通的状态，使普通人也获得了深入学习金融专业知识、了解最新市场动态的机会。这不但使金融产品在“草根群体”中推广成为可能，更为强化大众的理财意识、增加金融产品潜在的用户提供了契机。

（3）金融和其他行业关联度的提高

如今金融和其他各行各业日益紧密的联系。例如现在很多车主在购买车险时，只需打个电话而无须亲临保险公司的营业厅就可以完成车险的购买，此时金融和电信就产生了关联。

作为现代人须臾离不开的互联网同样是金融行业进行跨领域营销的重点，而直播正是当今互联网的最前沿之一。因此，在网上银行、P2P 等金融互联网模式相继兴起之后，金融直播的产生也就成了顺理成章的事。

同时，金融直播可以借助直播这种传播形式固有的娱乐性、互动性等特点，将本身枯燥乏味的金融知识变得趣味化。因此金融直播相较于传统的金融产品营销模式更能激发观众对金融产品的兴趣。从这个角度来说，金融和互联网直播相结合可谓是珠联璧合

（4）直播有利于金融机构轻装上阵

金融直播的出现，不仅为实体金融机构和互联网金融企业提供了一条全新的产品营销重要渠道，更在一定范围内促进了广大金融机构的转型。在很多业内人士看来，“金融 + 直播”的模式不仅有效避免了以往分析师、研究者只能从个人角度单方面发表研报的片面性，而且还解决了发布时间延迟的弊端。

金融直播可以让金融机构的发布主体更为靠前，同时减少了很多不必要的宣传环节，在对营销部门进行合理瘦身的同时，更有利于金融机构把更多的精力投入吸引用户的工作中。

从晦涩难懂到通俗易懂，从高高在上到平易近人，直播让原本只有所谓专业人士才能“玩得转”的金融产品一下子拥有了广泛的群众基础。这不仅是金融知识普及化的市场需要，而且还顺应了直播的发展趋势——在早期“萝莉”“御姐”火遍整个直播秀场之后，直播的卖点必将向知识型网络红人方向转移。

餐饮直播，万众瞩目的饕餮盛宴

随着现代人的生活越来越多地趋向于线上化，餐饮行业营销也从线下转到了线上。例如近几年逐渐火爆起来的在线外卖、在线零食行业，但是这些新型的网络餐饮业态并不能杜绝实体餐饮业存在的问题。地沟油、黑作坊、乱用添加剂等行业隐忧在网络时代的餐饮业中仍然存在。这时，更加透明更为公开的餐饮营销宣传方式——餐饮直播，便应运而生。它在解决行业内不确定性问题的同时，也让餐饮这个古老的行业重新焕发出了生机。

2016 年 6 月 15 日晚，张天一开通了伏牛堂官方推出的首档直播美食栏目：做粉吧，喵星人。令人感到好奇的是，虽然这个直播号称“栏目”，但却没有专业的摄影师、舞台、灯光、统筹等摄制队伍，而是在经过简单的布景后，全部采用直播秀的形式在直播平台上进行。

该栏目的内容主要是张天一教伏牛堂的一只猫制作湖南

牛肉粉。这只猫的来头也不小——“伏牛堂办公室主任”沈万三。在整个直播过程中，一边充斥着张天一的宣传推广词，一边充斥着猫咪沈万三无可奈何的叫声。

这场直播在网上取得了极大的反响，临近结束时，这场直播已累积将近八十万人次的观看总量，九千多元的打赏总额，以及在新浪微博中关于“做粉吧，喵星人”超过六百万的浏览量。不仅如此，“伏牛堂办公室主任”猫咪沈万三还一度登上了微博萌宠榜冠军位置。

线上的热度直接带动了线下的销售，经过 2 小时的卖力推广，再加上萌宠的助阵，伏牛堂当晚就取得了三千盒米粉的销量。考虑到伏牛堂在此次直播活动中的投入并不高但却取得了惊人的流量变现，张天一对这场直播的效果总体上还是极为满意的。

张天一的这场直播活动，是餐饮行业对餐饮直播这种全新营销模式的有益尝试，它不仅从微观上为餐饮企业的产品销量带来了极大的提升，更从宏观上证明了直播是餐饮行业未来发展的大势所趋。

1. 餐饮业直播的意义

实际上，餐饮直播对于广大餐饮企业的意义和价值远远不是增加产品的销售额那么简单，从理论上说，直播平台在餐饮企业营销过程中所起的作用至少体现在四个方面（如图 7-3）。

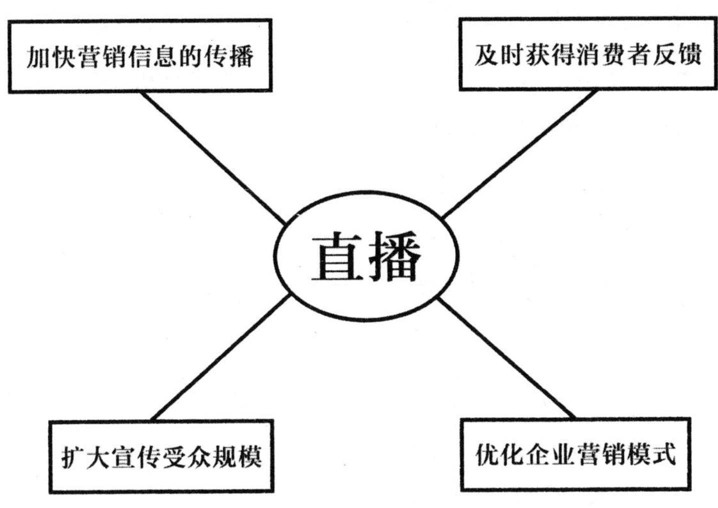

图 7-3　直播 + 餐饮的利好

（1）加快营销信息的传播

通过短时间且集中的线上直播，把餐饮人或者餐饮品牌推荐出去，相比较于其他传统的营销形式，更加快捷直接且反馈迅速。消费者无须亲自到店了解，只需在手机或电脑上进入餐饮企业的直播间就可以轻松获取企业的活动内容。技术的进步大大缩短了信息传递的过程，这能让餐饮企业的营销信息更为及时地传达给消费者。

（2）扩大宣传受众规模

和散发传单、门店广播等传统的营销推广方式相比，餐饮直播营销能在极短的时间里聚集更多的潜在消费者，这些潜在的消费者不仅包括了解店家的回头客，而且还包括只闻店名但从未实际体验过的人，甚至包括其他城市的观众。这样一来就扩大了宣传的范围，不但能提高餐饮企业的知名度，而且还能帮助餐饮企业招徕更多的食客。

（3）及时获得消费者反馈

在以往的营销方式中，餐饮企业往往只能听到自己的吆喝声，却很难获得消费者的真实反馈。盲人摸象式的营销不仅浪费资源，而且还无法直击人心。而直播营销具有双向互动性。这不但能让餐饮企业随时获得最直观的反馈，便于自己对营销方式及时查缺补漏；而且还能从消费者那里获得更多有价值的信息，让企业的经营改善从营销一个方面扩展到生产、人事等更多方面。

（4）优化企业营销模式

直播营销模式的加入可以让餐饮企业的宣传推广模式更为科学。一方面，直播营销的加入，增加了一条餐饮企业对外宣传的渠道，这可以避免企业在营销模式上的单一性，防止企业后期因某一种宣传手段失效而导致业绩下滑。另一方面，直播营销所具备的直观性和网络性能够大大简化营销过程的中间环节，使餐饮企业得以在营销中摒弃一些多余的步骤，这样不仅能大大降低企业的营销成本，同时也间接地提高了企业的运行效率。

毫无疑问，直播正在成为餐饮行业争夺用户流量的新接口。同时，消费者对餐饮的消费需求也从过去的只图吃饱吃好，慢慢提高到了自我展示、文化等更高的层次，而帮助消费者获得这些更高层次的消费体验，同样离不开直播这种先进的传播形式。

直播营销模式在餐饮业的实践，代表了餐饮企业敢于拥抱新科技的进取态度。一部分餐饮企业通过对餐饮直播的尝试，运用成本较低的新科技，主动迎合消费者特别是年轻消费者的生活态度和消费理念，最终都取得了良好的成效。虽然现在的餐饮直播方式还略显单一，实际直播效果还略显生涩，但是在不可阻挡的“直播 +”浪潮的洗礼下，今后的餐饮直播一定会有更为光明的前途。

常言道：知易行难。直播营销虽然具有直观、时效性强、互动性高等优点，但想在实际操作中真正将这些优势充分地发挥出来，仍然不是件轻松的事情。因为餐饮直播这种营销方式目前还处于探索阶段，在行业内部还没有形成一套完整、清晰、科学、成熟的营销模式。一旦相关餐饮企业在直播过程中把握不好各种因素，轻则无法吸引到足够的观众，重则会引起观众的反感。因此，餐饮企业不能把直播这种形式等同于简单的“自拍做广告”，而应当时刻注意对重要环节的优化。

2. 餐饮业直播营销需要注意的三个关键点

外形养眼的帅哥美女和富丽堂皇的现场环境对于餐饮直播这种专业性极强的营销活动来说仅仅是表象，餐饮企业要想在全民直播的风口期成功实现直播入局，就应当注意对以下三个关键点的把握。

（1）产品

餐饮直播营销的本质是通过直播这种全新的宣传媒介，向外界推广餐饮企业的产品。推广产品既是企业进行直播营销的出发点，同时也是落脚点。因此，各大餐饮企业在开展直播营销的过程中应当始终围绕产品这个核心做文章，直播前的宣传造势是为了提高产品的知名度，直播中的各个环节设置和互动安排是为了将产品的卖点直观地展示给观众，直播结束后对直播过程的总结更是为了评估直播对产品销售的作用。因此，广大餐饮企业在直播过程中应当时刻注意将产品推广放在首位，不能让与宣传产品无关的内容过多地占用直播时间。

2017 年 1 月 7 日晚，深圳餐饮界首屈一指的餐饮品牌谭厨小菜首席执行官谭子滔出现在了热门网络直播平台“花椒直播”的专属直播间中，和谭厨小菜的消费者进行了将近 2 小时的坦诚交流。本次直播谈论的内容涉及谭厨小菜的镇店之宝——菊花宴、谭厨小菜的新品，以及未来新店的开张计划等方面，谭子滔还力邀在深圳本地颇具名气的美女主播 Rita 在直播间和观众热情互动。最终，这场直播活动吸引了超过三万名观众观看。

谭厨小菜在直播活动中始终围绕着企业的产品做文章，不但将菊花宴的卖点完整地展示给了观众，而且向观众公开了企业新菜品的推广计划；不但将企业的实力直观地展示给了观众，而且还为潜在的消费者提供了就餐指引。这样专业的直播活动始终不离宣传产品的本质，取得预期效果也是在情理之中的事。

（2）可感的内容

和传统秀场直播的唱歌、跳舞等内容不同，餐饮直播的内容主要就是“吃”，但是唱歌跳舞的感染力只需通过画面和声音即可较好地呈现，而美味菜品的味道则不能通过屏幕和音响传递给消费者。

这就需要广大餐饮企业在直播过程中加入更为丰富可感的内容，一方面不能一味地展示品尝食物的过程，应当让主播时不时地通过语言描述、现场演示来展现产品的卖点；另一方面，餐饮企业可以在直播中适当增加一些歌舞类、语言类的节目，这样既显得宣传活动不那么刻意，让观众更能接受，同时还能丰富节目的内涵，防止单一的直播形式引起观众的心理疲劳。

（3）企业定位

每个餐饮企业都对自身品牌和产品有独特的定位，因此企业的直播营销活动设计也需要和每家餐饮企业的自我定位相适应。例如：咖啡店可以通过名人讲故事的方式宣传自己优雅闲适的小资形象，快餐店可以通过与美女主播互动的形式展示自己时尚前卫的年轻风格。只有主播的人选、直播的内容和餐饮品牌的调性相符，餐饮企业才能真正确立在消费者心中的良好形象，而不合时宜的直播会让观众产生不伦不类的感觉，最终会让企业直播的宣传效果大打折扣。

诚然，直播的内容经过多年的发展，早已摆脱了单纯靠美女秀场来吸引眼球的时代。今天你如果打开直播，不仅能够欣赏到美妙的才艺展示，而且还能看到更多关于人们衣、食、住、行等方面的内容，但是直播内容的多样化并不等同于直播营销的简单化。餐饮企业尤其是那些营销预算比较有限的餐饮企业开展直播营销，本质上是为了实现弯道超车，通过直播这种新的媒介向观众展示自己不同于以往、不同于其他品牌的特别之处。但是直播有直播自身的特点和客观规律，一味地为追求话题效应而忽视了对直播关键要素的把握，只会适得其反，得不偿失。

直播内容的大众化、平民化给广大餐饮企业带来了新的宣传契机，一些餐饮企业在直播营销中取得成功的背后，不仅有这些企业管理层敢于尝试的勇气，而且还有不少营销策划人员善于把握关键要点的细心。

俗话说："食色，性也。"诱人的美食和养眼的美女自古以来就是人们的天然追求。而餐饮直播正好将这两个极具吸引力的因素结合在了一起，看起来会愈加引人入胜，从这个意义上讲，直播和餐饮似乎具有天生的可结合性。但是要想完美地结合，合适的主播人选和较强的吸引力二者缺一不可。只有将人和事的因素全部处理好，餐饮企业在实际操作中才能避免失误，防止"跑偏"，餐饮直播也才能发挥出巨大的营销推广作用。

教育直播，知识变现的绝佳渠道

教育和直播可谓渊源匪浅，直播技术在 2009 年已开始被邢帅教育应用于职业教育领域。"教育 + 直播"在之后也有所发展。只是其发展并非一帆风顺，其他"直播 +"模式纷纷后来居上，使得"教育 + 直播"行业无论在公司估值还是用户接受度等方面均被“后浪”们远远甩在后面。

在网络直播的爆发元年 2016 年，沉睡已久的在线教育也被直播的光芒惊醒，“教育 + 直播”模式也随之兴起。虽然它仍然处于发展的初期，各方面都有待成熟完善，但这已经为陷入困局已久的在线教育带来了一线生机。在线教育已经处于“教育 + 直播”的风口，教育直播变现的大幕已被拉开。

1. 教育直播变现兴起的原因

（1）资本争夺战催生教育直播变现

融资成功的关键是投资者对创业公司的项目有信心，也就是说该项目有盈利的前景，否则，融资很难成功。下面来看一组数据：

清科私募通统计数据显示，2016 年上半年，全国在线教育融资总额仅 4.68 亿美元，比 2015 年同期融资总额有很大下降，下降率达 45.89%。通过互联网教育研究院报告可知，目前所有中国在线教育企业中的 70% 都在亏损中维持。

数据显示，在线教育已经进入了资本的冬天，主要原因就是在线教育行业迟迟无法实现盈利。这意味着在线教育的商业模式打开方式不对，亟待改变。如何解决这个问题？只有努力改变这种商业模式，增加在线教育行业的利润。

作为“娱乐圈最懂教育的人，教育界最懂互联网的人”，疯狂老师教育平台的创始人张浩于在线教育的直播风口下，提出了著名的“南北坡理论”：互联网公司与直播的联系更密切，这使其“近水楼台先得月”，处于在线教育创业的南坡，他们主打工具类型产品切入；传统培训机构则处于线教育创业的北坡，主要在 O2O 领域探索。但无论从哪里开始，终会在辅导环节找到共同点。

以前的在线教育软件使用情况表明，工具类型产品和 O2O 领域的尝试都无法触及用户的消费痛点。在线辅导的方式好像很传统，却可能是最直接的变现切入点。

作业帮联合创始人陈恭明就认为，直播是在线教育辅导的发展大方向，在线教育的盈利点，很大程度上要依赖传统线下教育的变现模式。已经知道课外的补习班等辅导是线下变现最直接的途径，直播辅导自然也成为最有前景的在线教育变现方式。

而且，在线直播教育与以往的录播教育相比，更能促进师生互动，使老师能为学生提供更好、更契合学生需要的帮助。

（2）互联网技术的进步促进教育直播变现

日益进步的互联网技术也为直播教育变现提供了方便。在互联网技术进步的情况下，直播的成本不断降低，这成为吸引创业公司投资在线直播教育的关键。以新东方这类传统的线下教育培训机构为例，他们传统的教育培训方式需要很大的物理空间，随着一、二线城市房租的不断上涨，他们的房租压力越来越大。线上直播教育能很好地解决这个问题，它大大节省了教育的物理空间。虽然这样的话，客户单价会有所下降，但是省下的房租资金会有所弥补。

2. 教育直播变现的方式

那么，教育直播变现的具体方式有哪些呢？从目前来看主要有两种（如图 7-4）。

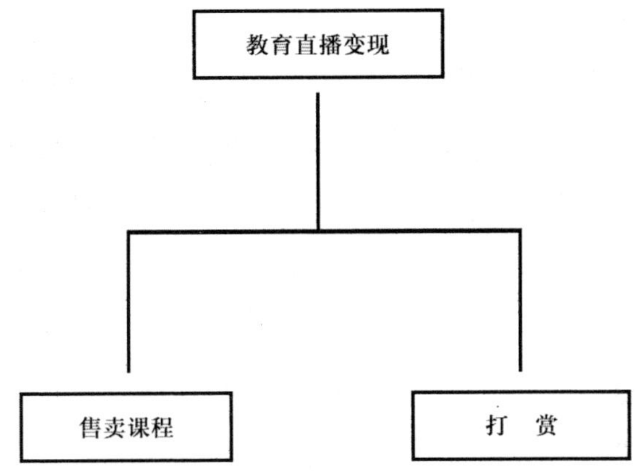

图 7-4　直播 + 教育的常见变现方式

（1）售卖课程

售卖课程就是用户要学习什么课程，首先通过线上支付购买听取这些直播课程的权利，然后根据课程时间安排，通过直播听取课程。

这是目前为止线上直播教育最主要、最稳定的变现方式，也是线下教育培训的主要付费方式。这种售卖直播课程的方式比较符合用户的习惯，因此比较稳定。在线直播需要技术上的支持，这些都需要付出很多精力和很大的心血，充足稳定的资金则是其保证。

（2）打赏

这是随着直播教育的出现而衍生的付费方式，为线上直播教育所独有，具体是指在教育平台开设打赏功能，在培训老师讲授课程时，用户可以根据自己的学习情况，按自己心意通过打赏功能给老师钱。

打赏不同于售卖课程的硬性付费方式，它是用户个人行为，不是硬性规定。它是用户对授课老师的一种欣赏，是对老师授课水平的肯定，也是二者在直播教育过程中的一种互动方式。邢帅教育于 2016 年 6 月开设了打赏功能，成为业内第一家试水企业。

打赏功能的设置是有条件的，它只适用于大班直播教育，一对一直播或一对几的小班教育是不适用的。而且，打赏更适合网络红人老师。

除了以上两种变现方式，在线直播教育的变现方式还包括周边教辅资料的销售等。但总体来说，销售课程变现是主体，打赏等变现方式是辅助。

在线直播教育技术促进了教育产业的发展繁荣，也为传统的教育事业带来了便利，甚至可以说是福利。跨时空强互动、因材施教、优质资源共享……这些因素共同推动了教育大数据时代的到来，进而建立起良好的教育生态系统，有利于促进教育公平，使教育均衡发展。

电竞直播，精彩赛事成就品牌营销

根据伽马数据在 2019 年 8 月发布的《2019 年中国电子竞技产业报告（直播篇）》，2019 年电竞直播收入将突破 100 亿元。

2018 年，中国电竞直播市场收入比 2017 年增长了 109.7%，预计 2019 年增长率仍保持 40.5% 的高速增长。

面对如此快速增长的市场，实力的大型企业开始自己举办电竞赛事，小企业则在电竞赛事上做广告，甚至传统媒体也开始介入这一盛事，纷纷制作电竞联赛，电竞行业一时间变得热闹非凡。

在中国，电竞行业的投资长期以来一直没有形成规模。除了与电脑外设相关的企业之外，几乎很少有人进入这个与主流价值观不相符合的尴尬领域。但是近年来，随着电竞行业的逐渐火爆，越来越多的商家纷纷将目光投向这一领域，寻找投资和合作机会。

谈及电竞行业在中国兴盛的原因，就不得不提及其背后的重要推手——直播技术。

我们知道，在过去很长一段时间里，中国电竞行业都由于缺乏有效的传播渠道以及稳定的盈利模式，没能形成自身健全的产业链。而另一方面，一直集中于俊男美女，唱歌跳舞之类"秀场"模式的直播也亟待寻找全新的模式破局当前发展困境，在这样的情况下，电竞游戏和直播二者一拍即合：直播的出现极大地扩充了电竞游戏传播渠道这一重要环节，而电竞游戏也使得直播形式更为丰富，为直播提供了更多变现的可能。

促使两者迅速结合的契机发生在 2014 年，美国的一家游戏视频网站 Twitch 被亚马孙以 9.7 亿美元收购。消息传来，国内的投资者们敏锐地感受到游戏直播网站巨大的商业价值。

直播平台纷纷转型，大量增加了电竞相关内容。

而随着传播渠道的拓宽，电竞行业重新回到了人们的视线之中，精彩的赛事以及高额的奖金使电竞行业逐渐成为舆论的焦点，越来越高的关注度使电竞行业巨大的商业价值逐渐显现出来。直播成就了电竞行业，电竞行业也成就了直播。

两个新锐行业的结合弥补了彼此的短板，发挥了彼此的优势，产生了近几年最火爆的商业模式——电竞直播。现在已经有越来越多的企业想要通过电竞直播走入日渐增多的电竞玩家群体。

目前为止，电竞直播的主要内容是各大电竞赛事，而在线直播是电竞赛事传播的主要方式。因此为了获得巨量曝光，企业纷纷投入到赛事相关环节的赞助活动。在电竞玩家的眼里，现在的电竞赛事与以前相比，已经不完全一样了。如果足够细心的话我们会在职业战队的队服上，赛事解说台上的饮料上，各大赛事贴片广告甚至于电竞赛事的名称上找到赞助商的影子。

当前，电竞赛事中最主流的赞助商仍然集中在外设，直播平台等领域。显卡和显示器等 PC 硬件厂商是电竞行业最早的赞助商，他们营销的方式很简单，找到最优的战队和选手，为自己的产品做最好的宣传。直播平台赞助主要集中在战队上，比如斗鱼赞助 LGD（全称 LGD-GAMING，成立于 2009 年，是中国老牌职业电子竞技俱乐部，也是目前国内最资深的俱乐部之一）和 Celestial（炉石传说项目的电子竞技战队，战队创始人是小鱼鱼大仙人），虎牙赞助 LCK（韩国赛区最高级的 LOL 英雄联盟比赛）战队。

随着直播平台流量趋稳，平台的媒体属性凸显，它们已经不再依靠战队的名气来为平台引流，而转为转播权的争夺。还有极少数赞助商来自电竞行业衍生品。其中包括以下几大电竞椅品牌：傲风，迪瑞克斯，阿拉丁，它们赞助过许多职业俱乐部，赛事发布会，电竞庆典活动等。在各式电竞活动直播期间，带有赞助商标识的选手，俱乐部将会在强大的曝光量下，为企业的品牌宣传和产品销售发挥重要的作用。

业内人士普遍认为，电竞行业成熟的重要标志是，有越来越多的传统品牌愿意涉足这一领域，借助电竞直播获得更多的曝光量和销售额。事实上，已经有一些原本默默无名的企业因为赞助电竞行业而变得风光无限。

最著名的案例当属 LGD 战队，2009 年，当时名为 FTD 的他们与贵州老干爹食品公司达成合作，战队更名为 LGD。随着 LGD 在各大赛事中的出色表现，老干爹的品牌也广泛传播。

“老干爹”因为赞助电竞战队而名扬四海，如果没有在电竞行业的投资赞助，至今这个品牌还无法摆脱山寨品牌的质疑。

近年来一些大型电竞游戏已经开始与传统行业大品牌展开合作，这也从另一方面说明，电竞行业的商业价值已经得到了传统行业的广泛认可。以最火爆的英雄联盟为例，LOL（英雄联盟的简称）已经建立起比较完善的联赛体制和俱乐部文化。游戏的活跃用户突破一亿人，另外直播渠道众多，除了官方渠道，全网各大平台均有转播。LOL 在电竞行业和直播行业巨大的影响力获得了国际快消品巨头的青睐。

2015 年，在英雄联盟四周年庆典直播中，英雄联盟宣布与肯德基深度合作，合作内容包括英雄联盟主题套餐，欢聚英雄桶以及肯德基线下主题店等。一时间，吃主题套餐赠闪卡活动成为大量 LOL 玩家的日常话题。此次合作的效果也十分显著，100 万份闪卡在 10 天之内售罄。该案例由此获得亚洲实效营销奖白金大奖，成为电竞行业与传统行业跨界营销最成功的案例之一。

此外，一些传统体育项目的赞助商，比如一直赞助 NBA 的雪碧也向英雄联盟抛来了橄榄枝。

2016 年 5 月，英雄联盟宣布与雪碧深度合作，在其发布会的直播中，雪碧宣布不仅赞助包括 MSI（Mid-Season Invitational，季中邀请赛，每年赛季中期举办的国际顶级赛事）、LPL（League of Legends Pro League，英雄联盟职业联赛，中国大陆最高级别的英雄联盟职业比赛，是中国大陆赛区通往每年季中邀请赛和全球总决赛的唯一渠道），LSPL（lol secondary pro league，英雄联盟甲级联赛，是通往 LPL 的唯一渠道）、英雄联盟城际英雄争霸赛（英雄联盟官方举办的年度大型线下赛事）、英雄联盟高校联赛（英雄联盟官方主办的针对高校学子的校园专属赛事，共覆盖 27 个省、超过 1500 所高校学生）在内的 LOL 系列电竞赛事，还投资推出主题包装，户外广告，电视广告，线下活动等，作为回报，雪碧可以制作

10 亿瓶英雄联盟主题产品。

除了国际著名品牌，一些有先见之明的国内企业早已经开始在电竞行业的赞助商中崭露头角，其中最著名的当属同福碗粥。这家名不见经传的企业早在 2011 年成立了同福电竞俱乐部，并聚集了国内知名的 DOTA（Defense of the Ancients，守护古树，《魔兽争霸》官方认可的多人在线竞技模式）选手，成为目前国内知名的职业战队，曾在 2012 年 WCG（World Cyber Games，世界电子竞技大赛）获得 DOTA 世界总冠军。随着俱乐部知名度的提升，不论是 DOTA 游戏粉丝中逐渐流行的“同福一碗粥，人间有真情”，还是炉石玩家的“同福爆破”都绵绵不绝地传递着同福碗粥企业品牌的影响力。

总而言之，电竞行业中充满了商机，已经有很多企业尝到了合作的甜头。一个有野心的企业应该勇于抓住机会，借助电竞直播的机会，扩大自身的影响力，获得良好的商业效益。电竞直播的到来，为企业开启了一道低成本获客的新渠道。

伴随着直播技术的不断发展，电竞直播已经受到越来越多观众的关注，在凸显巨大商业价值的同时，也让不少企业的营销部门跃跃欲试，那么怎样通过电竞直播切入这个巨大的群体？什么样的活动能够更直接地接触到电竞玩家？企业应该从哪里入手开展直播营销的行动呢？下面，我们就一起来认识一下电竞直播营销的一些主要途径。

通常情况下，企业参与电竞直播的途径主要有 3 种，分别是赛事举办方、俱乐部或战队，以及跟主播合作（如图 7-5）。

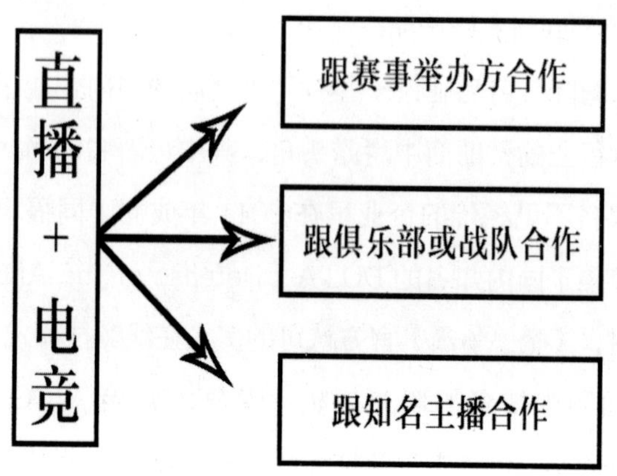

图 7–5　直播 + 电竞的合作方式

1. 跟赛事举办方合作

电竞赛事是电竞行业最核心的环节，是包括电竞直播在内的所有环节流量的主要来源。2015 年电竞赛事的市场规模在达到 20.7 亿元，占整个产业市场的 1.2%。长期以来，举办电竞赛事由于投入多，收益少，未能获得较大规模的发展。举办一场的赛事，投入的资金包括奖金池，场地，转播设备，现场工作人员等，但是赛事收入并不乐观。

著名的 WCA 赛事（世界电子竞技大赛）在 2014 年启动时，前期筹备时间超过两个月，其间的宣传推广费占总成本的三分之一。赛事开始刚过 4 天已经花费 7000 万元。

2015 年，WCA 设置的奖金池高达 1 亿元，占总成本的一半以上。受到当时电竞赛事传播渠道的限制，除了门票，商业赞助、赛事转播以及周边的收入基本没有。

随着传播渠道的健全，现在的电竞赛事在规模和数量上都有大幅度的改善。越来越多的企业开展了大量的第三方赛事，国内的电竞赛事逐渐形成了完整的赛事体系。随着电竞赛事影响力不断扩大，赛事的付费意愿也不断提高，赛事众筹，赛事门票，以及赛事周边的付费意愿在 2015 年提升了 89%，这预示着电竞赛事的商业价值还有巨大的潜力。

尤其是 2015 年以来，逐渐涌现出的企业主办的电竞赛事，因其门槛较低，以及平民化的特点，使赛事的影响力迅速扩大，赛事的商业价值获得广泛认可。据业内人士预测，到 2020 年，电竞赛事将达到 120 亿元的市场规模，复合增长率为 42%。当前，已经有一些企业根据自身的行业影响力与相应规模的电竞赛事深度合作，以期借赛事直播的东风，在未来电竞市场占有一席之地。

2016 年 5 月 21 日，乐视体育宣布冠名电竞赛事 WCA，并发布其电竞战略，通过产业化和商业化路径，布局电竞人才教育和电竞生态服务。乐视体育与电竞赛事的资源互补将会给双方带来更多深度合作的机会。

2017 年 1 月，招商银行独家冠名温州市首届电竞联赛总结赛。在活动现场，招商发行了温州电竞协会联名卡，为电竞玩家和协会会员带来特殊福利。

瑞虎 3x 冠名 NEST2016，瑞虎看重的是 NEST 是年轻人最喜爱的电竞赛事之一，电竞赛事的直观互动性，时尚潮流特性与瑞虎倡导的“玩车”概念不谋而合。通过合作，提升瑞虎在电竞玩家中的品牌影响力。

2. 跟俱乐部或战队合作

电竞俱乐部的数量从一个侧面反映出电竞行业的火爆程度。2010 年，国内的电竞俱乐部只有 30 多家，当时的俱乐部运营对赞助商的依赖性很强，赞助商撤资可能导致整个俱乐部的解散。到 2015 年大大小小的俱乐部已达 1000 多家。其中几家顶级俱乐部每年烧钱上千万维持日常运营。大部分俱乐部的主要收入来源于赞助商以及赛事奖金，少量来源于官方店铺收入，直播收入，商业活动出场费。

虽然由于支出巨大，目前大多数俱乐部尚未盈利。但是随着电竞行业生存环境的好转，俱乐部的商业价值已经渐渐被认可。现在的俱乐部已经参照传统体育项目的做法形成了良好的投资方退出机制，解决了俱乐部长期依赖某个赞助商的问题，为俱乐部的发展提供了稳定的支持，使俱乐部变得更加专业化和职业化。现在越来越多的企业开始选择直接赞助俱乐部，比如前文提到的同福和老干爹等，除此之外，许多传统体育企业也纷纷投身其中。

作为传统体育最成功的项目之一，NBA 各球队的老板和球员纷纷建立自己的职业战队或者投资知名电竞俱乐部。例如，前湖人队前锋瑞克创建了自己的电竞俱乐部 EchoFox。波士顿凯尔特人队前锋乔纳斯买下了 Renegades 俱乐部。大鲨鱼奥尼尔投资了 NRG 俱乐部。

在国内，有很多早期投入电竞俱乐部赞助的企业已经随着俱乐部的火爆变成家喻户晓的大品牌。技嘉是较早参与电竞战队合作的硬件厂商，他们开始赞助的就是职业化开展最早的 WE 战队，当时 WE 战队拥有全球最知名的魔兽战神 SKY。

现在的 WE 由于运营理念领先，已经成为商业道路走得最好的战队，后来加入的 I-Rocks 和金士顿使 WE 的电竞道路越来越成功，现在赞助 WE 的厂商越来越多，而技嘉的商业营销策略也被人奉为圭臬。

企业赞助电竞俱乐部优先考虑的是战绩，因此一流俱乐部的赞助费水涨船高，曾经有媒体爆料，电竞俱乐部的冠名费已经高达千万元，商业推广活动费用高达百万。但是由于顶级俱乐部的稀缺，这一情况短期内很难得到改善。以上两种模式覆盖面广，效果较好，对于提升品牌形象有显著的作用，缺点就是预算较高，时间较长，适合资金比较雄厚的企业。

3. 跟知名主播合作

作为电竞行业最主要的传播渠道，在线直播平台拥有着得天独厚的优质资源——大量的电竞观众。在这些平台上，大部分的流量都来自一些大主播，因此对于知名主播的赞助也是企业的重要选择，坐拥大批粉丝的主播日益成为企业争相合作的对象。

素有“电竞女主播第一人”之称的小苍，曾经做过职业电竞选手，并组建战队，也做过战队管理层，还曾经在电竞媒体从业，可以说是国内电竞行业了解最全面的女主持之一。作为著名的游戏主播和解说，她参加过包括 WCG，ESWC

（Electronic Sport World Cup，电子竞技世界杯）在内的国内外大小赛事的直播，制作出《小苍出品》等解说节目 300 多部，总播放量超过 2 亿人次，为英雄联盟在中国的推广做出了很大的贡献。熟练细腻的游戏操作以及优秀的现场解说为她吸引到百万以上的粉丝，小苍也因此成为很多玩家心中的女神。

小苍身上电竞明星的光环为她带来了巨大的商业机遇。2015 年小苍受邀代言《西游伏魔》，COSPLAY（Costume Play，利用服装、饰品、道具以及化妆来扮演动漫作品、游戏中的角色）其中的铁扇公主，为游戏吸引了大量的新玩家。

与此同时，小苍身上鲜明的“游戏女生”的标签，吸引了著名 PC 品牌惠普，邀请其为新出品的 ENVY15 锐炬显卡游戏本代言，并将此款游戏笔记本命名为“小苍本”，为惠普的市场宣传赚足了关注度。

同样具有超高人气主播的若风（前职业选手，冠军战队 WE 战队前成员）在退役之后做主播也风生水起，很快成为国内签约费最高的游戏主播。因其游戏操作风格瞬间爆炸和绰号“中路杀神”与游戏的“妖文化”完美融合，因此 2015 年受邀成为新游戏《师父有妖气》的第 49 位“特妖代言人”。

在一些著名主播的直播间，如果足够细心，也会发现很多广告。这已经成为目前直播间比较常见的商业推广模式。这种模式的优点是成本小、门槛低，容易实施，适合一般企业；而缺点是粉丝覆盖面窄，营销效果不如前两种方式明显。

此外，由于游戏直播内容的多样性，企业还可以通过赞助一系列发布会，或者赞助电竞行业日常生活直播节目以及年度的游戏嘉年华活动直播进行产品的销售和品牌建设。无论哪种形式，本质上都是企业获得电竞玩家的转化，从而产生巨大商业价值。需要注意的是，不同的企业需要根据预算和产品特色选择合适的途径开展业务。

08 成功直播案例解析

他山之石，可以攻玉。

在本章，我们将走近最近几年里一些有名的或有意思的直播。通过了解、复盘这些直播，给后来者以启迪。

许知远的文艺自救

2020 年 3 月 9 号晚，自称从来没有在淘宝购过物的许知远发起了一次特殊的直播。这次直播是为了帮助处于同样困难、做实体书店的同行而举办的。

当天的直播中（如图 8-1），许知远一共连线了晓风书屋、先锋书店、乌托邦书店等 5 家书店的创始人，还连线了“旧相识”薇娅，其门店的盲袋也同时进入了薇娅直播间。在 2019 年的年末，许知远曾经在薇娅的直播间做客过。这次实体书店遇到困难，薇娅也主动连线，进行援助。

图 8-1　许知远在直播

直播弹幕中说，要不要推荐几本书吧！许知远拒绝：“阅读就像恋爱，要自我寻找。”喜欢什么样的就自由去读，不要别人介绍。

弹幕中不少人说“超级喜欢你”，他说，希望大家的表达丰富一点，来点“日月同天”这样的，语言丰富了，情感才丰富。于是，弹幕中出现了“今夜月色真美”。

直播了 90 分钟。根据单向街书店公众号提供的数据，这次直播的观看人数达到了 14.5 万，总计售出近 8000 份书店盲袋，销售额超过了 70 万元。

许知远是 1976 年生人，2000 年毕业于北京大学计算机系微电子专业。从 1998 年开始为《三联生活周刊》《新周刊》《书城》《21 世纪经济报道》等报刊撰稿。作为“传统知识”，许知远向来谨慎地与热闹、时尚保持着距离。

对于许知远来说，直播是一件不容易的事情。在直播中他明确表示了自己是喝了两瓶酒才上的直播，并且直接表明自己觉得直播是一件很奇怪的事情。在 2005 年，许知远创办了单向街书店。直到 2015 年，这个原本被当作玩票性质的实体书店，既有入不敷出、被迫搬迁令人无奈的现实；也有粉丝一天内众筹 20 万租金，属于理想主义的胜利；再到转型成为多方面发展的互联网公司，拥有单向街书店、微在、单读、单厨等品牌，并销售自己的实体产品。到了 2020 年 3 月，因为新型冠状病毒引发的疫情，单向街又陷入了经营困境。

许知远对于新技术、新应用总是固执地保持着忧思与质疑。他曾经说过，看网络产品就像吃垃圾。而这次亲自赤膊上阵开启直播，为单向街实体书店解困恐怕只是一个动因，更大的可能是他也开始“觉醒”，要拥抱新技术。

互联网时代，这样的转变并不鲜见。人在发生转变，模式也在发生着改变。许知远这次实体书店和淘宝直播的跨界合作就是一个新的尝试，起码从销量上看是一个好的开始。

陆琪的"撒币计划"

当卫生巾品牌 NONOLADY 遇上情感男性作家陆琪，他们之间会擦出什么样的火花？

2016 年 7 月 3 日， NONOLADY 携手畅销书作者陆琪，在直播平台开启一场名为"撒币计划"的真人秀直播（如图 8-2）。直播创造了 2 小时内 500 万人次收看、最高 30 万人同时在线的优秀成绩。

图 8-2 "撒币计划"海报

在直播中，陆琪扮演探长，带领观看的网友从惊天魔盗团手中夺走 10 万元现金。这些奖金全部以支付宝红包的方式发给了围观的网友。这样的"撒币"行为，自然吸引了很多网友的关注。除此之外，卫生巾和男性情感专家，这两者的结合也足够勾起观众的好奇心了。

在这次的直播 + 真人秀的营销当中，NONOLADY 作为游戏中通关的重要道具出现，有效地降低了它身上的广告属性（虽然还是有些突兀）。这样的方式，能够让观看用户能够较为自然地接受它的存在。

直播是一种有效的拉近观众跟表演者的距离、加强观众参与感的方式。比如在第二关中，陆琪将会派出他的第一批共 300 个红包，但是这些红包的总金额取决于观众的选择。选择项设计为 3 款 NONOLADY 包装盒，观众选择的结果将直播的气氛推向了第一波高潮。通过这样的方式，既使产品获得了较高频率的展示，又加深了观众的参与感。

直播营销，直播的精彩程度很大程度上决定了观众会不会有购买欲望，是否会冲动购买。在直播中展示产品并能够销售出去，NONOLADY 选择的是将关键点放在支付宝的红包口令上。第二关的口令显示在 NONOLADY 的官方旗舰店上，第三关的口令是官方旗舰店的店名。这两关都有效将观众导入了官方旗舰店，增加了产品销售出去的概率。

男性情感专家和卫生巾这两个较为奇特的跨界合作，做了一次将真人秀和全民互动相融合的尝试。在这次活动中，陆琪展示了一个真实的自己。他是一个笔下情感细腻的作者，他不甘趋于大同，他讲究生活格调，展示着自己的自行、坚强、特立独行等多元化的特性。这也正好与 NONOLADY 所倡导的生活方式：智慧、率性、优雅、独立等契合。

作为陆琪直播第一次的品牌植入尝试，陆琪成功了。他成功地在两个小时的时间里让五百万人知道了 nonolady。相比较传统的营销方式，直播的优势还在于在很短的时间内，即时地以相对较低宣传成本推广产品，并可以直接根据直播的效果与观众的反馈，做出合适的品牌推广计划。个人直播已经成为一片红海，如何在这片红海中突围出来，只有像陆琪这样，以直播 + 的方式，不断地加入观众喜爱、有趣、好玩的元素。这样的直播才能够为合作的品牌、企业带来更多的关注度。或许有一天，在未来直播会成为一种独立的商业模式。但是要实现这一点，还得由陆琪这类人去努力、完善。

来伊份的直播综艺

泳装小姐姐、小鲜肉、肌肉猛男、时尚模特，是否让你血脉偾张？

40 位盛世美颜同步宣传，更有 1000 种零食疯狂吃吃吃！这就是“618”全民大促前夜，来伊份上交的营销答卷。

来伊份是一家休闲食品品牌和全渠道运营商，拥有数千家线下连锁门店，以及线上电商和移动 App。

2017 年 6 月 17 日，来伊份借助直播做了一场转化率爆炸的直播综艺（如图 8-3）。在 3 个小时内，收获了播放总量突破 8200 万人次、点赞量超 3100 万、同时在线人数 340 万这样惊人的数据。并且来伊份当天晚上的销售额同比增长238%，旗下的来伊份商场在 App Store 购物类搜索榜单排名提升近 15 位，微博“一千零食夜”话题的阅读超 1.2 亿。

图 8–3　来伊份“6.17 直播大趴”海报

在整个直播期间，主持人通过口播不断引导网友下载来伊份商城 App，领取 618 福利。40 位人气主播在自己的直播间里，也会不断口播福利政策，引导观众下载。现场身着泳装的小姐姐、小哥哥们在水下上演湿身诱惑，泳池里围绕来伊份近千种零食进行着各种游戏，整个尺度把握得刚刚好，让三个小时内的售卖过程进行的非常有趣且轻松。

当直播不再是专属于个人的舞台，开始和其他品牌、企业相结合的时候，来伊份告诉了我们有这样一种可能。将直播变成一个事件，邀请了 40 位网红，将他们的个人直播，变成与零食、吃货有关的娱乐秀。在其他品牌都在烧钱投放广告的时代，利益直播事件，更能为品牌带来有效的流量。

回顾来伊份 618 直播营销中的每个环节，每一步都在人物、互动、内容上用心做好。在人物上，利用40位网红主播，带来了大量粉丝流量，小哥哥、小姐姐的组合更是吸引到了更多的直播用户。在互动上，设置了众多的游戏环节，将泳装和美食相结合，极大地加强了和网友们的互动。在内容上，除了视觉上的福利，还有来伊份商城App推出的大量的优惠福利，很好地刺激了网友的消费欲望。由此呈现出来的效果自然才这么令人惊喜、惊叹。

在其他品牌、企业还在使用以前的主流的用单个主播、网红进行品牌的推广、宣传时，来伊份对这些以前的概念进行了升级。1、将网红效应最大化；2、将直播与电商销售完美结合，实现流量的最大化变现。推广品牌是所有企业直播的最终目的，来伊份此次的直播给所有品牌、公司上了一课，指明了新的营销方向。

随着消费的升级，移动互联网的传播，需要注意流量和实际用户的转换率。只会吸引流量的营销不能算是成功的营销。来伊份的618直播营销已经带来了不少启发，更多的方向，还需要未来更多的企业、品牌一起努力去探索。

当唯品会遇上周杰伦

2016年3月，唯品会携手周杰伦开展全球直播合作，给唯品会带来了巨大的收益。活动吸引了将近400万人在线观看直播，发出互动弹幕有18万，大约有56万人次点击了唯品会发出的购物红包，直播结束后回看人数高达数千万。不管对于周杰伦还是唯品会来说，这都是一次对于自身价值的巨大提升。

此次活动能够获得成功的原因有以下几点：

一、唯品会是“一家专门做特卖的网站”，这样的互联网商业理念和传统电商有很大不同，在网络上逛街的新型购物体验，更让消费者能够感受新奇、惊喜、未知的心理，从而引发购物欲望。但是，电商市场已经是一片蓝海，前有淘宝、京东，后有新生的电商平台，如何形成自身的特点和壁垒，是唯品会的一大挑战。

所以此次唯品会签约周杰伦，希望通过关联好玩、爱玩、会玩的天王周杰伦，表达唯品会懂得消费者的心理，天天有惊喜的概念。开启新型跨界营销、开发明星经济的新型典范，将将看货、买货、收货的惊喜与惊奇进行到底。

二、这次的直播，软硬件配置高。顶级技术团队全程参与筹划发布会，新型视觉高清输出的手段，让观看者和周杰伦来一次亲密接触。全球云直播，四屏高清输出，让粉丝能够身临现场一样，和周杰伦进行互动。同时还开展众多的有趣直播互动，充分调动粉丝的热情，并利用社会化媒体制造悬疑概念进行炒作，利用多个官方号与 KOL 参与传播，将唯品会单一品牌事件上升到粉丝追捧热点。

三、周杰伦是一位老少皆知的明星。如果给新世纪以来的华语乐坛找一个最具标示性的人物，这个人非周杰伦莫属。他的存在似乎变成了大家的习惯，但他的影响力也是最被低估的。

在唯品会之前，就有许多品牌邀请了周杰伦做代言，比如美邦、爱玛电动车、伊利、优乐美和途牛等，这些品牌都是通过明示或暗示向周杰伦和他的粉丝示好的策略，通过利用粉丝营销以及二次传播来达到品牌营销的目的。而该次通过直播，让粉丝直接面向周杰伦的营销手段，再次证明了周杰伦的粉丝号召力。

肯德基联手斗鱼直播

2016 年 6 月 30 日到 7 月 4 日，斗鱼 TV 知名电竞主播单车老师在“单车老师不迟到”直播间直播“守望先锋”，直播的间隙，他美美地吃起了肯德基特价早餐。直播间的美味似乎透过屏幕飘到了广大观众的面前，大大刺激了刚刚起床、肚子空空的观众们的味蕾，顷刻间，直播页面便被密密麻麻的弹幕“看饿了”霸占。这个时候，单车老师抓住时机故作惊叹：原来“大家都这么爱吃肯德基”。接着，他顺理成章地告诉大家肯德基的最新优惠活动。在五天的活动中，直播观看人数超过 23 万人次。

而这次活动，无论是对斗鱼还是肯德基而言，都并不是首次探索“餐饮 + 直播”的营销模式。

一方面，在和肯德基合作之前，斗鱼已经尝试过与其他企业和平台的跨领域合作。比如，在 2016 年京东“6 · 18 生鲜大促销”前夕，斗鱼就曾派出 5 名网红主播到北京各大“美食控”

聚集地，对龙虾的制作过程进行全程直播，给用户带来鲜活新奇的直观体验。同时，借制作好的美味龙虾替商家向用户宣传最新优惠活动，吸引用户购买。

另一方面，肯德基也早就尝试过“餐饮 + 直播”的营销模式，而且一直在坚持尝试。2016 年年初，肯德基在 B 站进行吃炸鸡直播活动，美其名曰“KFC 请你去 B 站吃炸鸡”。它先给了大家一段极富煽动性的广告词：“残留指尖的香醇不可抵挡，仅仅咬了一口，我就好像能听到体内血液开始奔腾的声音，我看见自己和 KFC 老爷爷热情相拥，这就是能给人带来幸福的炸鸡啊！”看了这段广告词，人们的馋虫都睡醒了。再加上两位美女主播在直播里用各种方式“对付”50 只炸鸡，观众的食欲被彻底激起来了。两天时间重播次数超过 19 万，其利润转化率可以想象。

总之，对于“餐饮 + 直播”的营销模式，斗鱼和肯德基都并不陌生，且二者均对该模式十分推崇，也正是对该模式的相同认知，促成了双方这次的合作。那么，这次活动对二者又有何意义呢?

首先，对斗鱼直播来说，这次活动是斗鱼为实现对优质流量资源整合的一次有效渠道，斗鱼看准的正是肯德基主要消费群体——年轻一代，而该群体正好也是游戏直播间的主要受众，因此针对这部分群体，斗鱼电竞平台凭其品牌效应提供的精准优质流量，在电竞直播中“顺便”推出肯德基早餐“宅急送天天半价”优惠活动，使这次活动受到年轻人广泛认可，为其吸引了更多年轻受众的同时，也提高了斗鱼优质客户对平台服务的满意度。

其次，从肯德基角度来说，这次活动其实是其在“全民直播”的新环境下，对营销方式的一全新探索。

1. O2O 模式的衰退，促使肯德基寻找新的营销方式

很明显，自 2014 年以来 O2O 平台营销模式大潮正在渐退。进入 2015 年以后，餐饮业 O2O 竞争日益升温，趋于白热化，为了在大战中胜出，各餐饮企业开始以补贴平台的方式展开“吸客”大战，众多中小平台在“烧钱”大战中退场，即便是顽强存活下来的几家巨头行业也在大战中元气大伤，不得不开始战后的“休养生息”，纷纷减少平台补贴。

在这样的情况下，O2O 的“人口红利”日益削减，热度渐衰，再加上积存已久的食品安问题以及服务态度等众多问题的不断凸显，餐饮行业在 O2O 平 台长期做营销的人力成本仍然处于不断提高的状态，前景不容乐观。此时，对于餐饮行业说，探寻新的营销模式就显得非常必要了。而直播无疑是一个非常好的选择，这次肯德基和斗鱼合作推出的“宅急送天天半价”优惠活动，正是肯德基借助直播进行产品营销的一次新尝试。

2. 直播平台的火爆，促使肯德基尝试新的“餐饮 + 直播”营销模式

自 2016 年以来，直播平台的发展便异常火爆，其凭借互联网特别是移动互联网技术的支持，以及新颖个性 UGC（User Generated Content，用户原创内容）的输出，吸引了一群数量庞大的以年轻人为主的用户群体，并且催生了一个具有较大影响力的主播群体。在 O2O 餐饮营销模式捉襟见肘时期，这些高流量和主播超强的影响力被嫁接到了餐饮行业，“餐饮 + 直播”这种全新营销模式显示出了巨大的力量，并因此开始被广泛应用，这也是肯德基选择和斗鱼合作的一个重要原因。

而分析此次肯德基和斗鱼“餐饮 + 直播”营销模式取得成功的原因，大致可以总结为以下两点：

首先，“餐饮 + 直播”营销活动可以实现流量资源的优化配置，使合作双方互利共赢。通过这种营销活动，直播平台可以整合平台流量资源，把这些资源相对精准地提供给相应的餐饮企业、商家，从中获利；餐饮企业、商家则可通过直播平台或网红主播获得大量优质流量，然后通过自身吸引力以及打折、抽奖等优惠活动促进流量购买，实现获利。

其次，在网络环境下信息传播速度快，“餐饮 + 直播”之类的成功营销活动能够提升合作双方的知名度，进而吸引更多流量。

总之，斗鱼和肯德基对“餐饮 + 直播”新的营销模式的探索，显示出“餐饮 + 直播”营销模式的无限发展潜力。这提醒餐饮行业的企业、商家们：是时候抓住机会，迎头而上了。

汰渍与张艺兴合作直播

张艺兴， 2008 年通过选拔，成为 SM 公司旗下的一名练习生。2012 年以 EXO 团队成员的身份在韩国出道。2015 年回国，成立了个人工作室，开始了他的成名之路。

2016 年可谓是张艺兴混得风生水起，霸屏人们视线的一年，不仅影视歌三栖全面发展，自身的商业价值与明星效应也通过屡次打破众多品牌的销售数据让人直观展示。张艺兴从四月开始的《极限挑战》、五月的《好先生》再到正在热播的电视剧《老九门》，连续 6 个月的对于张艺兴有利的新闻消息让张艺兴成了微博热搜榜的常客。与此同时，张艺兴所在团体的回归专辑也再度突破百万销量。

一颗新星就这样升起。

2016 年，汰渍选择了与张艺兴合作，尝试举办一场代言直播活动。结果令人欣喜：直播的点击量达到了 570 万，PV 有 24 万，一举打破当年的电商直播记录。

甚至在直播还没有正式开始，就已收获近 500 万点赞量。直播当年，累计有近 2000 万点赞量，品牌当天爆款销售量高达 5778 套，单日圈粉超 4 万，直播间品牌关注数也是直线增长。这些数据再次证明了张艺兴的商业价值与明星效应。汰渍和张艺兴的此次的代言直播活动对于汰渍本身的品牌营销来说，提升品牌的价值，获得了巨大的成功。

洗衣液算是最为日常的生活用品，受众普遍都是做家务的年轻妇女、中年妇女。特别是现在汰渍这个品牌，开始逐渐加强产品用户对于年轻化的印象。所以年轻、中年的女性受众就成了汰渍洗衣液的主要用户人群。而张艺兴作为很多年轻、中年女性的偶像，正好与汰渍洗衣液的受众契合度非常高。

其次，洗衣液的购买频次与随机性十分高，购买群体也大多都是用户群体。这些购买群体的购买动机基本上没有，超市的打折、朋友的推荐、导购员的推荐、包装的好看、代言人是否虚幻都能够成为购买者的购买动机。而张艺兴作为一个有一定知名度的偶像明星通过直播的方式，直接面向购买群体进行推荐。这种方式当然更能给予购买群体一个购买动机。以此来证明了张艺兴这位超级偶像的带货能力，与汰渍形成了双赢的局面。这也证明了不论是任何品牌，进入互联网就必须遵守互联网的游戏规则。在互联网环境中就必须和用户打成一片，相互之间有一个良好的互动，只有这样才能迎合用户完成品牌的转变，并维持品牌的活力。

赛事直播，助推游戏之王

《英雄联盟》（LOL）于 2009 年 4 月 10 日在美国发行，到 2018 年年底，月活跃用户突破 1 亿用户，2019 年下半年有所下降，但仍是当之无愧的游戏之王。

《英雄联盟》中国区是全球用户最多的分区，据 2018 年的用户数据分析，中国区的用户占全球用户总人数的 80%。自 2012 年在中国举办的第一次国服周年庆典之后，每年的庆典都会成为舆论热点，为这款游戏吸引到新的粉丝。下面以英雄联盟国服四周年庆典直播为例，简要阐述这款游戏的直播营销之路。

英雄联盟四周年线下狂欢庆典于深圳“春茧”体育馆举行（如图 8-4 所示）。

图 8-4 英雄联盟四周年庆典狂欢明星竞技表演赛

在赛事开始前的 6 月 20 日，英雄联盟高层在新闻发布会上宣布将邀请周杰伦担任代言人，创作英雄联盟主题曲，并将出席在深圳举办的四周年线下庆典活动，现场试玩电竞游戏。通过强大的用户网络推送消息，大量粉丝已经提前知晓活动的内容：直播呈现 S5（第五赛季）全球总决赛中国赛区的选拔赛，决出 LOL 的中国代表队；周杰伦与王思聪竞技表演赛以及 cosplay 颁奖礼等活动。另外凡是现场购票的用户均可随票赠送皮肤，这项优惠活动深得电竞玩家喜爱，因此产生了广泛的传播。

为了体现“全民狂欢”的主题，对于不能到场的玩家，英雄联盟官网开展了多种互动活动。比如在 8 月 20 日至 9 月 3 日期间，通过玩游戏获得的狂欢积分可以全服累计开启多重奖励，积分越高，随机发放的奖励越多，这个类似于积分众筹的项目使玩家获得了强烈的参与感。

此外，其还设置了与庆典相关的互动环节：英雄愿望项目（在所有玩家许下的愿望中，将被随机抽取 20 个愿望在庆典直播中当场兑现）、选拔赛晋级队伍竞猜活动（猜对赢积分）、常规的分享赛事信息赢积分和召唤朋友现场观赛赢积分。以积分奖励的形式，吸引大批玩家为现场直播庆典盛况造势。

由于前期长时间有节奏的预热、名人效应以及积分皮肤奖励，英雄联盟在狂欢期间的人均在线时长和活跃度均创造了新的纪录。盛典开始之后，通过腾讯专业团队全程策划，圆满地完成了娱乐项目与游戏竞技项目的全部任务，获得了线上线下一致好评，成为当时最大的舆论热点，对英雄联盟赛事的推广起到了巨大的推动作用。

活动期间，“英雄联盟”关键词的百度指数达到半年之间的最高值，是其他热门游戏同期峰值的几倍，盛典直播对于游戏传播的影响力可见一斑。

纵观整个直播过程，虽然内容繁多，但是进行得有条不紊。在直播过程中，通过专业团队的精心编排，圆满完成了预告中的 S5 中国战队选拔赛、cosplay 颁奖礼、明星召唤师表演赛、嘉宾访谈、英雄心愿和现场抽奖等诸多活动。全程亮点不断，为游戏品牌推广以及赞助商红牛和雷蛇均带来了可观的流量和销售转化。

这场直播营销活动有以下 5 大亮点：

1. 开场秀

开场秀的情景再现了游戏玩家的日常，即玩家沉浸游戏的情景，直接拉近了与玩家的距离，期间穿插讲述了 LOL 在中国的发展历程。与线下活动“我的 LOL”和“我的四周年故事”相呼应，通过引导，激发玩家之间的交流欲望，为 LOL 成为一代人共同的记忆创造出很多话题。由于游戏中代入了粉丝自身的情感，因此可以让玩家在游戏群体中找到归属感。

2. S5 全球总决赛的中国区决赛

这也是本次庆典的重头戏，即通过售票环节绑定 20 级以上的玩家，并吸引这些核心玩家到现场参与选拔赛观看，为 10 月份进行的 LOL 全球总决赛提前预热。

3. 明星竞技表演赛

周杰伦与王思聪都是在年轻人中具有较大影响力的明星，两人的粉丝群体与游戏的玩家有很大的重合度。此次跨界合作，吸引力非电竞玩家的粉丝参与活动，为英雄联盟带来新鲜的血液。

4. 兑现心愿

线上线下联动项目，通过这个活动收集到上万玩家的心愿，随机抽取 20 个当场兑现。这个活动极大地提高了粉丝参与的积极性，扩大了品牌知名度和美誉度。

5. cosplay 颁奖典礼

英雄联盟 cosplay 大赛自举办以来，已经成为年轻人中流行的时尚活动。游戏与娱乐的完美结合，使 cosplay 逐渐成为英雄联盟的文化标志（如图 8-5 所示）。

图 8-5　英雄联盟四周年现场 cosplay 表演

英雄联盟周年庆典直播以及英雄联盟 LPL 赛事直播活动，是英雄联盟游戏能成为爆款游戏的重要一环。正是通过前期精心策划，现场完美呈现，制造出轰动效应的社会热点，才使英雄联盟长期具有较高的曝光率，为游戏厂商和相关的赞助商带来直接的商业效益。

作为最年轻的体育项目，电子竞技要走的路还很长，电竞直播作为电竞行业最重要的推手，其发展离不开大量资金的参与。现在电竞直播正处于起飞的风口，每一个与时俱进的企业都不会对这样的机会视而不见。无论时代如何变迁，商业领域的铁律就是关注点在哪里，金矿就在哪里。因此，如何合理利用电竞直播营销，使其帮助企业实现精准、直接、低成本的获客手段，是值得当下许多企业思考的一件事情。

09

电商 + 直播，收获喜多多

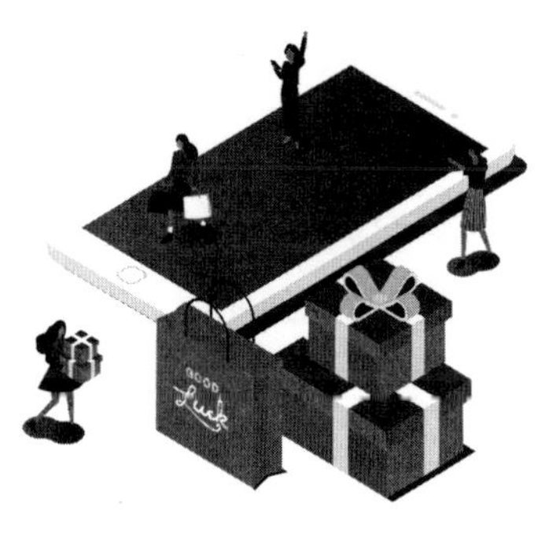

电商经历了差不多20年的高速成长，开始蜕变成“传统电商”。从PC到智能手机，从有线到无线，从1G到4G、5G，随时随地看直播的时代来临了。直播带货风起云涌，传统电商原本的货对人，现在被直播电商改造成人对人。多年来行驶在两条道上的电商与社交，终于走到了一起。

传统电商迎来了机会

2019年被称为“直播电商元年”，各大平台纷纷推出直播带货模式。从“双11”全天带动成交近200亿的淘宝直播，到短视频平台入局电商直播；京东红人孵化计划；拼多多直播首秀；小红书也被传将内测电商直播。

直播带货可以引起人们极大的消费欲望，超过50%的人认为，直播带货能引起他们比较大的消费欲望。直播带货的形式通过主播有趣的表现手段对产品的性能进行讲解和展示。在这个过程中，消费者可以充分地融入购物场景中。同时，在直播中消费者可以和主播实时沟通，通过情感互动，更易激发其购买欲望。

2014年，韩承浩的天猫店拿下了韩国某母婴品牌的授权，原本以为能大赚一笔，却发现在天猫运营品牌店铺远非想象中那么简单 。除了日常的运营工作，还要费尽心思考虑如何推广店铺以及获得更多流量。

这对团队和资金实力都不够强的韩承浩来说，无疑是非常大的挑战。与此同时，为了应对其他经销商的竞争，韩承浩提前购买了不少产品，结果积压了大量库存，资金链险些断裂。

直到直播电商出现，韩承浩才等来了转机。传统电商对商家的资金实力和获取流量的能力要求非常高，但是直播电商中的主播不再是一个冷冰冰的卖货账号，更容易借助鲜活的个人IP 形象形成影响力，吸引粉丝不停买买买。

2016 年 9 月，韩承浩开通淘宝直播，通过耐心解答各种护肤方面的问题收获了大量粉丝。2019 年开通快手直播后，韩承浩转型为知识型主播，给这些用户推荐最合适的商品解决他们护肤方面的问题。2019 年，他直播带货成交量最好的一天是 1135 万元营收，单日成交额四五百万则是常事。

据统计，淘宝直播在 2019 年一年带动了 400 万就业。电商发展到社交电商阶段，直播所带来的是高度细分的分工协作。电商平台通过直播技术，聚拢一批有一技之长的、被人们约定俗成地称为“主播”的人，向消费者介绍、推荐、试用货品，创造出一种新的消费场景，并以此获得收入一直以来，流量成本高的问题都困扰着许多电商企业。早在 2014 年 4 月的《创业家》杂志上，社长牛文文发表了以《移动互联网时代的蝉、螳螂和黄雀》为题的卷首语。他用“蝉、螳螂和黄雀”来类比移动互联网时代创业者所扮演的角色，生动形象地阐述新时代的新规则与新玩法——PC 互联网时代的逻辑是企业大量烧钱，通过低价、免费，获取海量用户，然后再想办法把流量变现（如图 9-1）。如果传统商业是蝉，PC 互联网催生的电商就是螳螂。蝉要么等死，要么也变成螳螂。问题是你没有那个基因，没办法跟它对接，更没有那么多钱可烧。事实上你只有死路一条。

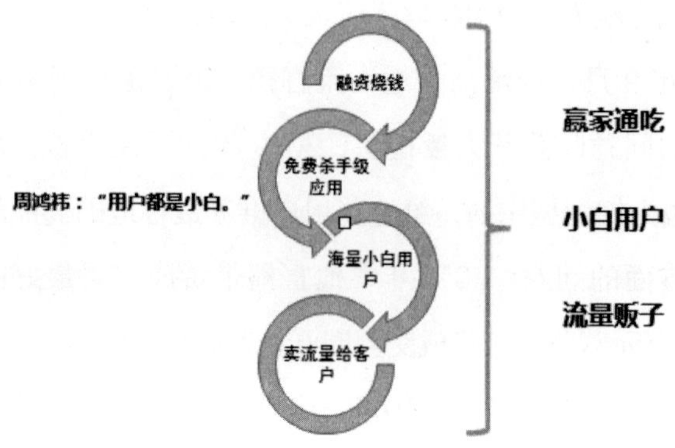

图 9-1　PC 时代的商业逻辑

这就是为什么 PC 互联网时代的巨头们总愿意谈颠覆。PC 互联网仇恨多样性，没有百花齐放，只有你死我活。

可是现在，这个看上去铁定的结局几乎在瞬间就被改变了。以微信为代表的移动互联网，给瑟瑟发抖的传统商业带来了福音。与 PC 互联网时代用户只是一个冷冰冰的 ID、一台 PC 后面可能坐着 10 个人不同，一部手机只有一个人在用，是唯一的，也是几乎随时可以找到的，它的使用者是真实可感的人。这意味着什么？

移动互联网本质上开启了一个可以精确知道用户是谁的时代，同时这个手机用户又是有着付费习惯的。这不恰恰就是传统商业的模式吗：一件一件货物卖给一个一个具体可见的人，交易过程中伴随着情感交流。是的，情感。

PC 互联网时代的名言是，没有人知道你是一条狗——用户不过是海量 ID 里的又一个，没有面目，不直接产生价值。移动互联网使企业与用户之间非常容易形成“粉丝”关系，企业极有可能成为用户的“宠物”而被“供养”（如图 9-2）。所以，对于传统商业，移动互联网带来的不再是颠覆，而是升级：原先你是来我店里买东西，现在你通过手机就可以跟我取得联系并且完成支付，效率更高了。

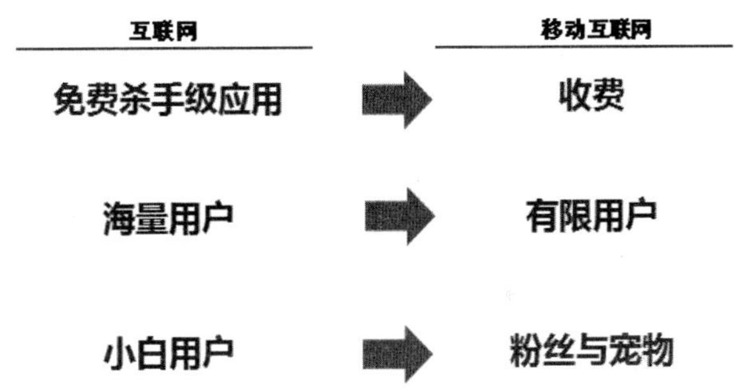

图 9-2　移动互联网让商业升级

有了移动互联网，传统商业终于可以绕过 PC 互联网这只巨大的螳螂，远离非此即彼的悲惨境地。在移动商业中，传统公司甚至一开始就会有收入，因为不必漫无目的去寻找海量用户。

现在的电商直播，正是绕过各种收费的大杀器。变是这个时代唯一不变的真理。移动互联网是一个百花齐放的时代，不是赢家通吃的时代。据国泰君安证券在《5G望重塑短视频行业，MCN或迎高速增长》报告中预测，2019年直播电商的规模超过4000亿。这一巨大的市场诱惑下，电商平台淘宝、京东、拼多多，短视频直播平台快手相继投身直播带货。

当前直播一般不收费，只需要在直播平台上注册就可以了。以淘宝直播为例，如果店家已经是淘宝达人了，就可以直接开启直播；如果还不是，只需等待审核通过即可开通，完全没有资金方面的成本。电商经营者完全可以借助这些平台自己做直播，只需要投入一些精力，将直播做得足够新颖，富余特色就可以吸引顾客驻足购买。而这种方式的优点不仅表现在销量方面，对于商家和客户的维护方面也是大有裨益。

2020年3月4日，志达书店直播拜访上海译文出版社。一个半小时的直播下来，有近2400人次观看，点赞超7万。直播间里不断给出优惠券，再加上译文社进驻天猫的折扣，用户下单金额节节攀升。连最传统的传统书店与出版社，也积极拥抱直播，哪个电商还敢置身事外？

2020年3月24日晚，石家庄市深泽县县长卢明刚走进电商平台“拼多多”直播间，为当地因新型冠状病毒肺炎疫情而滞销的布艺直播带货。直播吸引了26万人次观看，消费者迅速抢单布艺产品4000多件。

县长直播带货一结束，我们市场80%的商户纷纷转战电商平台开启线上销售模式。深泽县布艺产业协会副会长何海尧说，疫情驱动深泽布艺从以批发市场为主的线下销售，加快向线上消费者端转移。

布艺是深泽县的传统产业，经过 30 多年的发展，已形成产业集聚发展态势。位于深泽县小堡村的红柏家纺市场是全国布艺生产集散中心，义乌等地 80% 的经营户都是从这里进货。然而，受疫情影响，红柏家纺市场里只有不到三分之一的店铺开门营业。

直播带货之所以转化率高，是因为直播中更真实，更有温度。

以往的网上购物，客户看到的只是商品的平面图，可能与实物在各方面差别巨大。不少人会因此而心存顾虑，不会轻易下单购买。直播的出现为电商解决了这个问题，因为直播是即时性的，不能重来，也无法剪辑，看到什么就是什么，客户不会因担心自己可能受骗而心存顾虑，下单的客户自然多了。比如，吴尊在淘宝上推荐奶粉的直播让客户们看到了关于奶粉的详细信息，在面对面的直播中，他们心里的疑虑渐渐减少、消失，信任随之建立，客户大增，销量可观。

电商 + 直播的几种玩法

“电商 + 直播”作为一种新兴的营销手段，因其低成本，高转化率日益受到电子商家的欢迎。那么，电商到底应该如何利用直播为自己做营销呢？“电商 + 直播”有不同模式，划分标准不同，其分类也会有所不同：以直播侧重点为划分标准，可将“电商 + 直播”划分为网红类直播和互动类直播两种；从主播身份角度，“电商 + 直播”可被划分为店主直播、网红直播、明星直播三种。

以上两种划分方式下的直播模式都比较容易理解。现在，以电商与直播的结合方式为划分标准，我们一起来了解一下“电商 + 直播”最经典的 3 种模式（如图 9-3）。

图 9-3 “电商 + 直播”的三种模式

1. 电商平台增加直播功能

这类“电商 + 直播”模式的特点是，传统的电商平台如淘宝、天猫、蘑菇街、聚美优品等在自己原有的平台上添加直播功能，卖家申请开通直播功能，通过审核即可进行直播。

实际上，这种方式只是在传统电商平台上被添加了一种以往没有的功能，商家可以选择申请使用或者直接置之不理，传统电商平台并没有因为直播功能的出现而发生质的改变，它售卖的还是以往的那些商品，商品的结构、购物操作流程并没有改变，直播只是为了实现导流。

来看一个比较典型的案例，据统计，2015 年双十一期间，美宝莲（所有品牌都包括在内）共卖出 9000 支口红；2016 年 4 月 14 日，Angelababy 为美宝莲直播宣传，两小时内其新品“唇露”最终卖出 10000 支。

从表面上看，这是天猫、淘宝直播平台的巨大成功，但仔细分析可知，其背后起关键作用的是实际上是那些明星，以这个趋势发展，最终各个电商平台添加直播的模式可能会转化为对优质内容也就是有影响力的明星或网红主播的争夺，而这和传统的请明星为自己代言的广告没有本质差别。

而且这种模式，用户更换平台的成本非常低，可以说几乎为零。举例来说，没有人会为用哪一个软件打车而过于纠结，同样，人们也不会为用哪个电商平台看直播买东西而苦恼，通常是哪一个更实惠就用哪一个。因此，各电商平台的这种与直播结合的模式实际上没有多少新意，但值得肯定的是，这种模式所带来的盈利效果还是非常令人满意的。

2. 直播平台通过商品链接导流到电商平台

简单来说，就是在以往的直播平台比如 YY、映客、花椒等在直播页面添加商品链接，主播在直播时适当地对链接商品进行宣传以使用户有购买意愿。点开链接后，用户可直接进入购物页面了解商品，进而做出购买或不购买的决策。

这种模式目前还没有代表公司，它只是一种发展方向，至于能不能最终实现并普及，还很难说。对于直播平台来说，“电商＋直播”的变现方式清晰、直接，是目前可以预见到的最诱人的直播变现渠道，但是市场上众多直播软件却都不敢轻易试水。转型的风险大、成本高，能转型成功很好，可一旦转型失败，就可能会竹篮打水一场空——以前的积累也付诸东流。

目前的直播平台大多属于荷尔蒙经济，用户来到直播平台的主要目的不是看主播推荐商品，而更多的是为了放松。如果在平台上加上电商功能，用户会有被要求购物的不良感觉，直播平台可能因此失去大量用户。倾尽所有去打一场没有把握的仗，既得利益者是不会冒这种险的。

3. 新型“电商＋直播”模式

这种新型的“电商＋直播”模式以波罗蜜日韩购和小红唇为代表。

波罗蜜是一款于2015年初成立的，主打“视频互动直播”的专业日韩自营跨境电商平台。打开App，用户即可真切感受到日韩当地的购物场景，并能在线与现场工作人员实时互动。波罗蜜在价格方面主打“只卖当地店头价”，即用户飞到日本和韩国所买的商品，其价格和在波罗蜜买到的价格是一样的。而且波罗蜜商品均由当地富有经验的团队负责完成选品、供应链、仓储等，有质量保证。波罗蜜资本注入快速，新型直播购物模式引人注目，加上海外团队搭建了绿色供应链……这些吸引了很多用户和投资人的关注。

小红唇是国内一款针对 15 至 25 岁年轻女性的垂直视频分享社区 + 社会化电子商务平台，用户多为女性，达人在平台分享化妆、护肤、如何选择化妆品等关于如何变美的视频和直播。视频和直播页面链接有达人推荐的各种商品，用户只需点开链接，便可到达购物页面选购商品。目前该公司的发展方向是通过快速融资进一步打造网红、增强变现渠道、强化直播内容 + 流量，以及品牌双向导流（如图 9-4 所示）。

它们一开始既不是以电商平台的形式，也不是以直播平台的形式出现，而是以“电商 + 直播”的综合性平台形式亮相。也就是说，它们从成立时起，就把电商与直播看为不可分割的一个整体，二者是并存关系，这是它们不同于淘宝、天猫等直播的地方——淘宝和天猫只是把直播设置为一种新的功能，电商平台与直播是从属关系。

图 9-4　小红唇 App

做个不甚恰当的比喻，如果淘宝是一棵梨树，直播就是后来嫁接到这棵梨树上的一个小苹果枝，它与淘宝其他的众多梨树枝一起形成整棵树；而波罗蜜和小红唇则是一开始就是梨树和苹果树的合体，它们是“梨苹果”树。

当然，这些“梨苹果”树并不是完全一样的，比如波罗蜜的商品信息和直播视频是在同一个页面的，它的视频并不都是实时直播（那样成本太高，不太现实），而是提前在日本或韩国制作好的，日本或韩国的工作人员介绍商品的视频。可以点开视频看以往的直播。这些视频都被重播过很多次。小红唇则强调通过分享引起用户兴趣，进而购买。相比之下，小红唇的社交属性似乎更强一些。

一般认为，第三种新型“电商 + 直播”模式是三种模式中最具有竞争力，发展前景最好的。因为这种新型“电商 + 直播”模式平台，直播和电商是紧密联系的一个整体，二者利益相关，是共生互利的关系，其内容带有鲜明的平台属性，同时平台上售卖的商品也是根据直播推荐而来的。

哪些产品适合直播售卖

根据《2019 快手直播生态报告》的数据，快手用户在直播间内购买的商品种类最多的是食品饮料（44%）、面部护理（25%）和居家日用品（10%）。

虽然这只是快手平台上的统计，但具有非常强的代表性。目前，电商直播营销主要集中于跨境电商和美妆两大领域，同时也在向其他领域蔓延。虽然从当前发展局势上来看，“电商 + 直播”的营销模式将是未来电商发展的大势所趋，但是值得注意的是，并非所有产品和服务都适合通过直播进行售卖。归纳总结，如下几类产品适合做“电商 + 直播”（如图 9-5）。

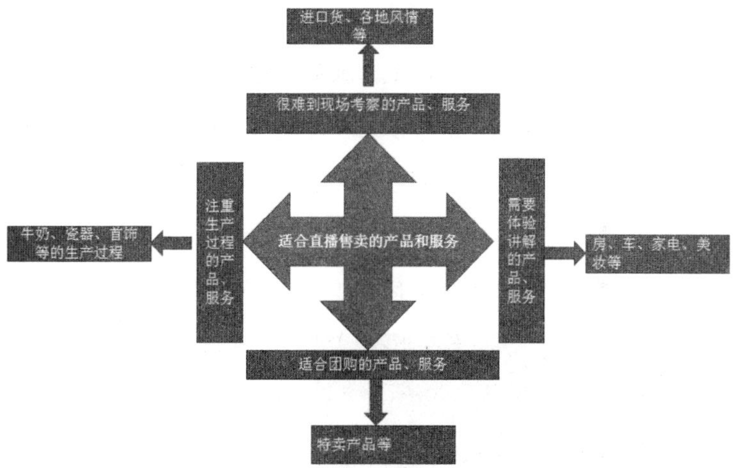

图 9-5　适合直播售卖的产品和服务

1. 很难到现场考察的产品、服务

这类主要指跨境电商所售卖的那类产品或服务。很多用户买进口货时，由于时间、经济等因素而不能直接到当地购买，无法了解自己想要的商品在国外是什么样的状况：有什么品牌、对应的价格区间如何……总之，不能得到对称的信息，但是他们通过电商购买时却要做出无依据的决策。而直播的出现则有效地解决了这个问题，人们通过直播能详细了解进口商品，进而做出购买与否的决策。

比如旅游等的服务类决策，在去现场前人们是不了解的，直播可以解决这一难题。人们可以通过直播了解各地风情，做出去哪儿的决策。项目投资类的决策难以在不到现场的情况下轻易做出，借助于直播，人们可以更了解项目，进而做出投不投资的决策。

2. 注重生产过程的产品、服务

随着社会的发展和人民生活水平的提高，人们对于产品或服务的关注点开始从结果转移到了过程上，实际上就是越来越关注产品或服务的质量。食材方面，比如牛奶、蔬菜的生产过程；艺术品方面，像瓷器、首饰的制作过程；此外，食品的加工过程，孩子学习的过程等都开始逐步成为人们关注的重点。

图 9-6　卫龙食品生产车间直播中

比如卫龙食品就做过一次展示食品制作流程的直播，其将生产车间的状况和整个生产流程都用直播的方式展示给观众，成功地打消了人们对于食品安全的疑问，产生了非常好的宣传效应（如图 9-6 所示）。

传统的电商只通过图文展示并不能使人们对于这些有一个详细而真实的了解，而直播却做到了这一点。因此，卖此类商品的电商应该抓住机遇，积极利用直播巨大的宣传作用。

3. 需要体验讲解的产品、服务

人们在买大件如房、车、家电等之前，一般都需要先全方位地了解产品和服务，听取专业的意见和讲解，但是可能会有不少人没有那么多时间亲自去体验，直播就非常适合这类产品。这类商品可以通过直播展示细节，虽然不能完全代替真实体验，最起码可以在有限时间里让客户进行第一轮筛选，节省实地考察的时间。

此外，另一类需要讲解化妆技巧的美妆类产品，已经在电商直播中很风靡了，前面我们所提到过的小红唇就是其中之一。作为一款针对年轻女性的“美妆网红”视频电商平台，小红唇主要采用通过达人向大众分享变美过程的形式推销产品。

4. 适合团购的产品、服务

能够在短时间内聚集起一群具有相同兴趣爱好的人是直播最大的特点也是最大的优势之一，电商则可以借助这一点成功吸引到一个有着相同需求群体，然后向这个群体售卖一种或几种产品或服务，这种情况实际上是一种新型的团购，它和团购一样有着群体行为属性。因此，过去在团购尤其是限时团购中销量较大的产品和服务非常适合采用“电商 + 直播”这种营销模式。就像团购容易在无意中打造爆款一样，电商 + 直播同样可能成为爆款生产机。

聚划算在这方面进行进行了有益的尝试：吴尊通过直播使

惠氏奶粉一小时内售出 120 万元；柳岩在聚划算直播叫卖 6 款产品，其中枣夹核桃卖出 2 万多元，在观看人数仅 12 万的基础上，必须承认这是一个不错的成绩。相信未来，聚划算以及主打限时特卖的唯品会都极有可能成为直播电商界的大佬。

虽然当今电商直播发展势头喜人，可以说“无直播，不营销”，但是各商家也不能因此被繁荣的大形势蒙蔽双眼而不顾实际情况盲目跟风模仿，而是应该根据自己产品的情况选择适合自己的营销模式，做到“知己知彼，百战不殆”。

农民 CEO 辛有志

辛有志，90 后网络红人，被称为“农民 CEO”。

截至 2020 年 3 月 28 日，辛有志在快手有 4500 多万粉丝（如图 9-7）。作为快手带货王，2019 年他带货共计 60 亿。

在 2020 年“3.8 女王节”期间，辛有志做了 7 小时的直播，总观看人数高达 1700 多万，总销售商品数量 500 多万，总营收 4 亿多元。平均每小时有 80 万单成交，每 1 秒钟就有 200 多人同时完成了购物支付动作，堪称奇迹。

10 天之后的 3 月 18 日，辛有志协助徒弟蛋蛋直播。

这场直播刚开始，蛋蛋以 39.9 元包邮的价格带货一款成本为 32 元的内衣，辛有志当场发火斥责她“拿公司的钱不当钱”“没长脑子”，随后当即在 39.9 元的价格上加了 5 元运费，并对为此而不满的用户说不要威胁他、退款请便。

这种耳目一新的打法，有风险，也有收益。一部分人会为此不满，一部分人会认为价格真是太实诚了。若以结果来论的话，辛有志的“策略”非常有效：开播 80 分钟就突破了 1 亿销售额，整场带货破 3 亿。

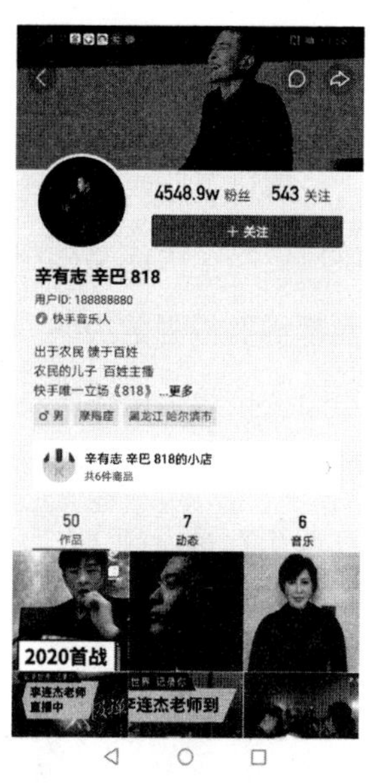

图 9–7 辛有志的快手账号

直播就是这样，有人格，有温度，有个性，甚至有点小情绪，效果会更好。

站在顶峰的辛有志曾表示，他要培养出一批高流量带货主播，打造“辛有志严选”这个自主品牌（如图 9–8）。他要拿到全网最低价回馈给用户，要靠本事做出“最强供应链”。

“辛有志严选”是他正在努力打造的个人 IP 品牌。这应该是参考了网易严选，不过网易严选走的“精品 + 自营”路线，而“辛有志严选”瞄准的是高性价比生活用品，目前大多是定制或者品牌方合作。

图 9–8 辛有志严选

每一个主播都有自己的“人设”以及擅长带货的领域，辛有志也不例外，他的人设是“农民的儿子”“淳朴的商人”。人设有长处，必然有短板。

所以，他正在搭建“艺人主播团”矩阵，全方位覆盖直播热销产品。他自己则逐步退居幕后，专心搞好供应链。

做过工厂或大型商超的人都知道，供应链整合是非常难的。供应链是个很庞杂的组成，需要信息流、资金流和物流三个方面都需要很强的控制。像阿里、京东这样企业都需要长时间花重金去构建、迭代。

因此，辛有志所说的供应链，应该是中小工厂的供货资源。这些生存艰难的工厂，将努力抱紧辛有志的“大腿”。从这一点看，“辛有志严选”还是大有前途的。

同程 × 斗鱼：直播南浔游

同程作为中国在线旅游行业的龙头之一，历来擅长利用新媒体对旗下旅游产品进行推介，而同城与斗鱼直播南浔游的活动更成为旅游业界津津乐道的典型事件。

2016 年 6 月 8 日，同程旅游宣布联手斗鱼直播平台在浙江省湖州市千年古镇——南浔进行一次“斗鱼网红带你探索南浔”的在线旅游直播活动。在同程旅游专属的直播间内，观众可以在人气主播菲悦、瘦子娟的引领下在线畅游南浔，期间主播不仅会带领观众领略当地美食，而且还会亲自体验充满当地特色的传统水上婚礼等活动（如图 9-9 所示）。

图 9–9　斗鱼网红直播南浔游

自直播活动和开播之日起，用户不仅可以登录通过斗鱼手机应用或者在斗鱼官网在线观看，也可以在同程旅游官网购买门票亲临景区体验。

在这场历时两天的直播活动中，观众在菲悦、瘦子娟两位“代班导游”的带领下先是游览了南浔独具特色的文园、百间楼等著名景点，接着又参观了菱湖安澜桥、荻港渔庄等地，期间还品尝了桑果干、橘红糕、菱湖雪饺等美食。南浔山明水秀的美景和深厚的人文底蕴在两位人气网红的直播中，得到了三百六十度的全景展现。

不仅如此，菲悦、瘦子娟两位人气主播还在南浔景区现场和游客开展户外游戏，更与网上观看的几万名观众频频互动，极大地展示了南浔景区游览的趣味性。同程将南浔景区的特色通过直播进行了充分地展示，网友在弹幕评论区纷纷表达了自己对南浔古镇的喜爱之情。

在“斗鱼网红带你探索南浔”活动举行的第一天，就已有几万名网友通过直播欣赏到了南浔的古镇风情。

同程通过这场“斗鱼网红带你探索南浔”的旅游直播活动，把旅游和现在最流行、最受欢迎的“在线直播”形式结合了起来，通过斗鱼平台和当红主播菲悦、瘦子娟对南浔古镇的景区硬件、配套设施进行了深层次的曝光，使更多的观众领略到了南浔古镇的独特魅力。

在同程旅游公关经理樊常亚看来，“旅游 + 直播”的模式对于景区来说是极具积极意义的，首先主播再带一定的粉丝数量，通过主播的推介直播，景区能够得到一定的曝光度；其次，在直播间，主播能够通过弹幕和网友开展有效互动，并能以口述 + 影像的传播形式为网民展示景点并做重点推介，这种推广方式十分形象。

这次南浔景区直播活动进一步彰显了同程旅游持续发掘直播价值、谋划并制作更多符合景区定位、给予观众更多精彩节目内容的宏伟愿景。

在同程旅游景区事业部首席执行官孙旭看来，同程和斗鱼联手开展的这场“斗鱼网红带你探索南浔”活动是业界对旅游直播的一次绝佳尝试，同时也得到了南浔景区官方的高度肯定。旅游直播在未来将会有巨大的发展空间和旺盛的产业需求。今

后同程还会和其他直播平台合作，积极探索多渠道、深层次的游玩方式。

据悉，现在已有很多景区表态要和同程旅游进行在线直播领域的合作。

毫无疑问，同程旅游尝试“旅游 + 直播”模式，联手斗鱼直播开展南浔游的活动为整个旅游业的市场主体树立了成功的榜样。那么，其他从事旅游业务的企业和个人应当从这个典型案例中汲取哪些成功经验呢？下面我们就细细做出剖析：

1. 积极利用新媒体

同程旅游在对南浔古镇的旅游资源进行宣传的过程中，没有采用传统的平面媒体和广播电视，甚至直接绕过了深耕互联网多年的很多大型视频网站，而是直接与直播行业巨头斗鱼进行合作。这说明同程对新媒体的传播作用非常重视。实际上，当景观图片、旅游宣传片等传统的推广载体已不能激发用户新的兴趣时，“旅游+直播”的模式必然会兴起，旅游企业早一天拥抱直播，就能早一天收益。

2. 创造新奇的旅游消费体验

从商业的角度讲，同程方面利用直播将景区和观众紧密地结合在了一起。想要去南浔旅游的观众不再需要亲自前往目的地购票，取而代之的是在观看直播的过程中，观众只需点击直播间中的相关链接就可以直接完成对景区门票和相关旅游产品的预订，这个过程一气呵成而又让人感到奇特，这正是广大旅游企业在拓展旅游消费体验方面的成功尝试。

3. 满足年轻消费者的需要

同程和斗鱼双方在选择活动主持时之所以会看中菲悦、瘦子娟两位网红，显然是为了针对此次直播的目标人群——年轻游客。在线直播发展势头火爆，离不开80、90后的追捧，而同程旅游这样的OTA企业之所以能生存并发展，同样离不开年轻群体的支持。所以“得青年者得天下”，旅游企业必须在营销中向年轻群体倾斜。

4. 旅游产品宣传主体的多元化

带领观众参与此次旅游直播的菲悦、瘦子娟两位主播，在成名前都是籍籍无名的“素人”，其实和普通人没什么两样，但她们却最终成为这场旅游直播中的景区“推广大使”，这要得益于直播的草根属性，而这种草根属性有我很容易拉近景区和观众之间的距离。所以，景区如果想取得更好的传播效果，

就不仅需要名人代言，将景区宣传主体的范围扩展到平民中间，也是值得尝试的。

5. 牢牢把握旅游的本质

在开展“斗鱼网红带你探索南浔”的直播活动中，同程方面始终没有脱离“旅游”的本质。在直播前，同程即为自己平台下的南浔旅游产品大力宣传；在直播中，同程还进行了限时旅游产品优惠活动；甚至直播结束之后，同程依然将相关旅游产品的链接在直播间放置了很长时间。可以说，同程不仅是旅游直播的参与者，更是收获者。只有在直播过程中牢牢把握旅游的本质，旅游企业才能真正让“旅游 + 直播”模式发挥出实际效果。